Le mythe de la
défense canadienne

Normand Beaudet

Le mythe de la défense canadienne

les éditions écosociété

Révision :
Nicole Daignault, Mireille Lapalme et Serge Mongeau
Maquette de la couverture et mise en page : Nicolas Calvé
Illustration de la couverture : Pierre Faucher

© Les Éditions Écosociété, 1993
C.P. 32 052, succ. Les Atriums
Montréal (Québec)
H2L 4Y5

Dépôt légal :
4e trimestre 1993

ISBN 2-921561-11-5

Données de catalogage avant publication (Canada)

Beaudet, Normand, 1962-
Le mythe de la défense canadienne
Comprend des réf. bibliogr.
ISBN 2-921561-11-5
1. Canada - Défense nationale. 2. Sécurité nationale - Canada.
3. Industrie militaire - Canada. 4. Armes nucléaires - Industrie -
Canada. 5. Canada - Défense nationale - Aspect économique.
6. Canada - Politique militaire. I. Titre.

UA600.B42 1993   355'.033071   C94-940016-5

*Afin qu'un jour Guillaume et Amélie puissent
avoir le bonheur de vivre dans un monde où,
comme c'est le cas aujourd'hui pour l'esclavage,
le recours aux armes et aux armées dans les conflits
sera perçu comme une grossière injustice.*

Remerciements

MERCI Louise, Guillaume et Amélie pour avoir, par votre simple présence, soutenu mon moral et ma détermination au cours de ces longues et parfois difficiles années de labeur.

Sans l'appui de mes partenaires du *Centre de ressources sur la non-violence* dans tous les aspects de ce travail, recherches, révision, corrections et commentaires, ce livre n'aurait jamais pu être réalisé.

L'écriture d'un livre est un travail qui demande un environnement propice auquel ont contribué de nombreuses personnes. Je les remercie toutes et spécialement, ma mère, Céline et mon père, qui ont fréquemment pris la relève, jouant à merveille leur rôle de « mami » et « papi » pendant le travail de rédaction.

Je dois souligner la généreuse contribution financière du *Programme pour la sécurité coopérative* du ministère des Affaires extérieures du Canada qui a rendu possible la publication de ce livre.

Note de l'éditeur

Le lecteur trouvera en annexe un *glossaire* auquel se référer pour la signification des abréviations souvent utilisées dans cet ouvrage.

Toute personne intéressée à pousser plus avant l'étude du sujet de ce livre peut obtenir une bibliographie détaillée en écrivant à l'auteur à l'adresse suivante :

Centre de ressources sur la non-violence
420, rue Saint-Paul Est (2e étage)
Montréal (Québec)
H2Y 1H4

Table des matières

Introduction

Les Canadiens sont présentement assis sur une véritable bombe à retardement économique et sociale. La dette nationale actuelle est de 458 600 000 000 $; l'intérêt de cette dette, pour l'année financière 1992-1993, s'élevait à 34 400 000 000 $ et le déficit d'opération du gouvernement fédéral dépasse, chaque année, les 30 000 000 000 $. Ce sont des réalités qui écrasent littéralement les espoirs et les aspirations des nouvelles générations.

Un vieux dicton mohawk soulignait la nécessité, lorsque vient le temps de prendre une décision, de considérer les intérêts des sept générations à venir. Nous sommes bien loin d'avoir atteint ce degré de sagesse. Les générations d'après-guerre se sont servies à satiété dans les fonds publics, laissant en héritage aux générations à venir certaines installations, mais surtout une carte de crédit déjà pleine. La vie d'un nombre croissant de jeunes est empreinte de cynisme, de négativisme et de pessimisme. Ce n'est pas surprenant : les grands médias alimentent quotidiennement les esprits avec les termes « récession », « chômage », « dette », « violence », « suicide » et « drogue ».

Déjà, au moins une génération a été sacrifiée sur l'autel de « l'inévitable globalisation des marchés » et « des nécessaires performances pour atteindre un niveau adéquat de compétitivité internationale ». Qu'adviendra-t-il des futures générations ?

Un facteur important dans la genèse de cette situation tient de ce que nous avons hérité du *Parc jurassique* de la génération de la Seconde Guerre mondiale : l'armée canadienne et ses nombreuses ramifications économiques et politiques. Cette gigantesque institution coûte annuellement, au bas mot, 13 milliards de dollars aux contribuables. Elle n'emploie pas moins de 150 000 fonctionnaires et soldats et réquisitionne des zones d'entraînement toujours plus vastes. Elle mobilise aussi une portion croissante des ressources humaines disponibles, en majorité des jeunes gens, formés à grands frais dans nos universités. Ce livre a pour but de démontrer que ce refuge de dinosaures est devenu une menace pour l'équilibre social et la sécurité canadienne.

Pour la majorité d'entre nous, il est parfois bien difficile de comprendre l'implication de notre propre pays dans les multiples conflits qui déchirent le monde, en cette fin de siècle.

Quelle différence y a-t-il entre notre participation dans NORAD[1] et le rôle que nous jouons au sein de l'OTAN ou dans les missions de l'ONU ? En quoi ces actions sont-elles reliées à la défense nationale et à la sécurité de notre pays ? Il n'y a jamais de grands débats sur ces questions. Au nom du secret qui doit, dit-on, couvrir tous les détails des mesures prises pour assurer la défense du pays — afin qu'ils ne soient pas livrés à un éventuel ennemi — il est

---

1. Voir le glossaire pour la définition des sigles utilisés fréquemment dans cet ouvrage.

presque impossible, pour les citoyens, de développer une opinion bien fondée sur les politiques de nos gouvernements successifs. Ces questions font rarement l'objet de discussions, même au sein des partis politiques, lors de l'élaboration des programmes à partir desquels ils se feront élire. Et pourtant, étant donné le coût exorbitant des armements, ces questions ont une influence déterminante sur l'ensemble des politiques gouvernementales et nous affectent profondément dans notre vie quotidienne.

« Nous sommes trop endettés, il faut couper les dépenses », nous clame-t-on aujourd'hui. Sans doute ! C'est l'évidence même ! Mais comment juger du bien-fondé des choix de coupures qu'on nous impose ? Quand le gouvernement se retire des programmes sociaux plutôt que de l'achat de systèmes d'armements dont le coût est si élevé que le prix d'un seul suffirait à payer la part fédérale de l'assurance-chômage pendant quelques années, il serait normal, en bonne démocratie, que les citoyens puissent dicter un choix à leurs représentants, en connaissance de cause. Mais ce n'est pas le cas. Nous allons tenter d'y voir clair.

L'armée est supposée protéger la population canadienne. Nous consacrerons le premier chapitre à démontrer que l'image qu'on nous présente de cette « créature » est très loin de la réalité. Les milliers de fonctionnaires et de militaires qui y travaillent cherchent beaucoup plus à préserver leurs privilèges et leur institution qu'à élaborer une véritable politique canadienne de défense. En fait, ils n'ont jamais élaboré de politique autonome de défense. Par conséquent, l'armée canadienne, tout au long de la guerre froide et aux frais des contribuables, s'est laissée entraîner dans des engagements internationaux sans jamais se demander en quoi son action contribuait à améliorer la sécurité de la population canadienne. Plusieurs actions, tant au sein du NORAD que dans le cadre de l'OTAN et des activités de l'ONU, ont constitué ou constituent maintenant une menace à la sécurité de la population canadienne. L'illusion entretenue par des slogans comme « si la vie vous intéresse », « servir le monde » ou « pour une carrière d'avenir », renforcée grâce à des images de missions humanitaires et de sauvetages, n'est qu'un écran de fumée. La réalité est tout autre.

Le chapitre 2 nous rappelle qu'on oublie souvent la grande diversité des espèces de dinosaures qui peuplent notre parc : le réseau des multinationales américaines de haute technologie et des sous-contractants canadiens, le département américain de la Défense, les lobbies privés, tous font partie des espèces à considérer si on désire comprendre les interactions diverses, voire même parfois la symbiose qui existe entre ces animaux géants. Ces monstres monopolisent une part sans cesse croissante des ressources disponibles. L'insatiable appétit de prestige et les jouets de guerre d'avant-garde préconisés par cette faune deviendront fatalement la source d'une instabilité sociale croissante, instabilité que l'armée elle-même pourrait être appelée à mâter. Car le complexe militaro-industriel canadien puise des milliards de dollars dans les poches des contribuables et utilise ces fonds pour le maintien d'un nombre très limité d'entrepreneurs privés, de militaires et de technocrates ultra-spécialisés. Une grande partie de ces sommes est investie dans l'acquisition d'une technologie extrêmement dispendieuse et hautement spécialisée.

Rien mieux que l'histoire de l'industrie nucléaire canadienne, véritable tyrannosaure de notre création, ne peut illustrer la fascination maladive qu'exerce sur nos technocrates une technologie ultra-sophistiquée. Tout le monde reconnaît que, pour l'environnement, l'industrie nucléaire comporte des dangers inhérents — émission de polluants, déchets des mines et démantèlement des centrales. Le chapitre 3 illustre ce que très peu de Canadiens connaissent : les liens historiques étroits qui relient l'industrie nucléaire canadienne et les activités militaires. Même si les gouvernements canadiens successifs se sont faits les grands défenseurs du *Traité de non-prolifération des armes atomiques* (TNP), ils exportent pourtant une technologie mondialement reconnue pour être très difficile à surveiller. Il n'est donc pas surprenant que la clientèle nucléaire du Canada se compose de dictateurs et de généraux à la recherche de l'arme atomique. Un bref survol des activités de l'industrie nucléaire canadienne illustre de façon éloquente les liens intimes qui existent entre le « nucléaire pacifique » et le « nucléaire militaire », de même que le peu de considération de nos dirigeants pour la sécurité de la population canadienne, pour ne pas parler de celle de la terre entière.

D'année en année, la croissance des besoins en ressources financières de nos dinosaures et la ponction dans les maigres ressources du milieu (les poches des contribuables) prennent des proportions démesurées. Un tour rapide de la part que prennent différents ministères fédéraux dans les dépenses militaires nous dévoile cette réalité. Pour les communautés qui dépendent des industries militaires, les emplois qui y sont liés sont importants, mais, à l'échelle du pays, les énormes capitaux investis ont finalement très peu d'impact. C'est ce que le chapitre 4 nous permet de découvrir.

Finalement, le chapitre 5 fait une revue critique des options militaires qui s'offrent à la population canadienne pour assurer sa sécurité. Le choix actuel des politiciens et des militaires canadiens révèle un abandon complet de l'idée de développer une politique autonome de défense et une soumission totale de la politique extérieure aux impératifs économiques et politiques des Américains. L'examen de chacune de ces options militaires met en lumière de nombreux problèmes. On voit, au bout du compte, que quelque soit l'option militaire choisie, ce ne sont pas les populations qui y gagnent, mais les marchands de canons. Il faut donc sortir des sentiers battus, innover, trouver d'autres voies pour assurer la sécurité d'une nation. Il n'est malheureusement pas possible dans ce volume de traiter de l'alternative qui s'offre à nous, mais, chose certaine, la voie militaire dans le contexte actuel est à proscrire.

Chaque pays doit assurer sa sécurité ; il doit aussi faire sa part dans la résolution des conflits internationaux. L'odieux de la situation actuelle tient à ce que, à toutes fins pratiques, toutes les ressources sont orientées vers l'intervention militaire. Faute de ressources financières, les nombreuses autres approches, qu'elles soient des initiatives de prévention, de contrainte ou de résolution des conflits, demeurent peu ou pas explorées.

CHAPITRE PREMIER

La conception canadienne
de la sécurité

« Je ne comprends décidément pas pourquoi il est plus
glorieux de bombarder de projectiles une ville assiégée
que d'assassiner quelqu'un à coups de hache.»

Fedor Mikaïlovitch DOSTOÏEVSKI
Crime et châtiment, 1866

C'EST AVEC STUPEUR que nous avons pu observer le début
de l'offensive aérienne de la guerre du Golfe persique, le
15 janvier 1991. C'était le dernier jour de l'ultimatum
américain sommant l'Irak de se retirer sans conditions du
Koweït. Tous se rappellent les images de cette lueur, probablement le système de propulsion d'un missile, qui, avec
une incroyable précision, pénétrait dans un édifice de
Bagdad.

Nous n'avions pas le choix, nous a-t-on dit. Saddam
Hussein, l'allié d'hier, armé par nos propres sociétés industrielles, est devenu, en quelques mois, le Hitler des
années 1990. Pourtant, la plupart des atrocités qu'on lui
reprochait avaient été commises pendant qu'il était encore un allié. L'horreur de ses actions lors de l'invasion du
Koweït, toutes proportions gardées, dépassait de peu celle
qui sévissait en Irak, au cours des années précédentes. Les
sanctions dites « non violentes », limitées à un blocus

militaire imposé par les Américains [1], avaient lamen-
tablement échoué, au dire de nos dirigeants ; selon eux, la
voie des missiles était la seule issue. Le massacre de centaines de milliers d'Irakiens, la plupart non belligérants
ou conscrits, était inévitable. Nous devions même exter-
miner les troupes en retraite, afin que « les barbares » ne
récidivent pas. Vous vous rappelez cette longue colonne
de gens et de chars calcinés ?

La guerre a été « gagnée » et le Canada n'a joué qu'un
rôle de second plan dans le conflit. Quelques bombes tout
au plus. Pourquoi revenir là-dessus ? C'est que la guerre
du Golfe a mis en lumière plusieurs réalités. Elle a fait
tomber le masque d'organisation « pacificatrice » que se
donne l'ONU. Le missile de croisière, testé au Canada, a
révélé sa vraie nature d'arme offensive. La stratégie « Air-
Land Battle », expérimentée au Nitassinan, dans le nord
du Québec, s'est avérée l'élément déterminant d'une politique interventionniste. Enfin, plus encore que le rôle
limité au soutien logistique et à la surveillance avancée
qu'a joué l'armée canadienne pendant ce conflit, la déclaration du premier ministre Mulroney que nous étions en
guerre, juste au moment où la Chambre des Communes
commençait le débat sur cette question, illustre bien l'état
de sujétion et de nos armes et de nos politiques.

---

1. Il est important de noter qu'un blocus militaire ne constitue pas
   une sanction non violente. Dans le cas de l'Irak, par exemple, il
   n'y a pas eu d'embargo économique et aucune mesure n'a été
   prise pour déstabiliser l'économie irakienne. Enfin, la négociation entreprise par Mikhaïl Gorbatchev a été brutalement reje-
   tée par un Bush brûlant d'impatience de lancer l'attaque.

La soumission, l'inacceptable *statu quo*

En fait, l'orientation de la politique de défense du gouvernement canadien vers des activités militaires soumises aux engagements internationaux n'est pas nouvelle. Le Canada n'a ni politique, ni système de défense autonomes. Il est de plus en plus évident que les grandes lignes de la politique de défense canadienne se tirent à Washington, souvent à travers les organismes internationaux. Un rapide survol de certains événements qui ont marqué la politique militaire du Canada, ces dernières années, suffira pour illustrer cet état de choses.

NORAD, l'emprise de l'aigle

Pour ceux qui sont nés après la Seconde Guerre mondiale, il est sans doute difficile d'imaginer que le peuple américain ait été, jusqu'en 1941, profondément attaché à la doctrine de la non-intervention dans les affaires...de l'Europe. L'entrée des États-Unis, tardive, mais déterminante, dans la Première Guerre mondiale avait été emportée de haute lutte par le gouvernement américain et avait été présentée au peuple comme un acte de reconnaissance envers la France pour son soutien lors de sa Guerre d'Indépendance. Mais les États-Unis n'ont pas signé le Traité de Versailles ni accepté de faire partie de la Société des Nations, mise sur pied à la fin de la Première Guerre mondiale.

À la fin des années 1930, ce parti-pris de non-intervention ne signifiait pas cependant que les États-Unis étaient aveugles quant à la possibilité d'un conflit mondial dans lequel le Canada ne manquerait pas d'être entraîné, étant donné sa position de Dominion, c'est-à-dire d'État associé dans l'Empire britannique. La politique d'annexion de territoires conduite par Hitler — 1936 :

occupation de la Rhénanie ; 1938 : annexion de l'Autriche, puis des Sudètes ; 1939 : annexion de la Tchécoslovaquie — cette politique ne pouvait durer toujours sans opposition. La proximité de l'URSS et de l'Alaska pouvait constituer une menace directe pour les États-Unis, non pas parce qu'on croyait que l'URSS s'allierait avec Hitler, étant donné la chasse aux communistes qui sévissait en Allemagne depuis 1933, mais bien parce que Staline constituait une énigme quant à la position qu'il pourrait prendre en cas de conflit mondial.

Le 2 septembre 1939, le Canada déclarait la guerre à l'Allemagne, suivi, le lendemain, de l'Angleterre et de la France.

Pour les États-Unis, la menace s'est précisée lorsque, le 28 septembre 1939, sont intervenus le traité germano-soviétique et le partage de la Pologne, vaincue en moins d'un mois par les Nazis. La défaite de la France n'allait pas tarder. En juin 1940, l'Italie à son tour déclarait la guerre à la France et à l'Angleterre, Pétain se rendait et les armistices franco-allemand et franco-italien étaient signés. Hitler, victorieux, se proposait maintenant de réduire l'Angleterre et il n'était pas difficile d'imaginer, dans de telles circonstances, que son alliée, l'URSS, traversant le détroit de Béring, pourrait porter la guerre sur notre territoire.

C'est dans ce contexte qu'a eu lieu, en août 1940, la création d'une Commission permanente mixte de défense (CPMD) chargée d'étudier les questions relatives à la défense de « la moitié nord de l'hémisphère occidental », premier organisme bilatéral canado-américain qui allait donner naissance à tous ceux que nous connaissons aujourd'hui. Il s'agissait d'une institution consultative, à caractère politico-militaire, qui devait conseiller les deux gouvernements — américain et canadien — sur les questions bilatérales touchant la défense du Nord. Les présidents des deux cellules nationales de la CPMD étaient nommés directement par l'un ou l'autre des chefs d'État et ils ne rendaient compte qu'à eux. Cela n'avait rien d'étonnant pendant la durée d'une guerre comme celle qui sévissait alors, mais il faut noter que la CPMD existe toujours, qu'elle a toujours le même caractère et que c'est en son sein que s'est élaborée l'entente du NORAD, en 1957. Elle a beau n'être que consultative, c'est cette CPMD qui décide de notre politique de défense continentale et non pas le Parlement du Canada [2].

La petite histoire de l'entente du NORAD illustre la façon bien singulière dont nos politiciens traitent des affaires militaires canadiennes :

> Le gouvernement libéral de Louis Saint-Laurent, occupé par l'organisation d'élections générales en juin 1957, préfère reporter l'étude du plan de commandement intégré. Les conservateurs gagnent les élections et John Diefenbaker succède à St-Laurent. À peine devenu premier ministre, il est confronté au dossier de NORAD. Le chef d'état-major canadien, le général Charles Foulkes, est impatient de voir l'accord de défense aérienne conclu avec les États-Unis. Il informe le nouveau ministre de la Défense, le général George Pearkes, de l'urgence de la situation. Le 24 juillet 1957, quelques jours avant la visite à Ottawa du secrétaire d'État américain, John Foster Dulles, il rencontre John Diefenbaker pour lui demander son accord. Sans discussion, le premier ministre acquiesce. L'alliance militaire la plus importante et la plus déterminante pour le Canada a donc été approuvée en quelques minutes et sans débat au Parlement. L'accord est officialisé le 12 mai 1958, mais sa structure militaire est déjà en place depuis le 12 septembre 1957 [3].

---

2. Voir le rapport du Comité permanent des Affaires extérieures et de la Défense nationale, intitulé *NORAD 1986*, février 1986, p. 72.

3. Jocelyn Coulon, « En première ligne », *Le Jour*, 1991, p. 168.

Délégation de pouvoir abusive, confiance naïve des citoyens envers les politiciens, incompétence, irresponsabilité ou abus de pouvoir des politiciens ? À vous de juger ! Une chose est certaine, les questions militaires au Canada sont la chasse gardée des spécialistes. La façon dont on a procédé pour conclure le NORAD est loin d'être exceptionnelle. Selon des fonctionnaires des Affaires extérieures, auteurs d'un document intitulé *Canadian Security in a World in Transition*, plus de 800 accords militaires lient le Canada et les États-Unis. Comme le note Jocelyn Coulon,

> Il est à souligner qu'aucun accord militaire entre le Canada et les États-Unis n'a été soumis au Parlement pour discussion et adoption. Seul l'accord NORAD fait l'objet d'auditions de la part du Comité de la Chambre sur les affaires extérieures dont les recommandations n'ont rien de contraignant [4].

David Cox décrit ainsi comment les Américains perçoivent le NORAD :

> [...] aux États-Unis, le mot désigne en fait deux réalités : en premier lieu, il correspond au centre nerveux des forces stratégiques américaines qui contrôle toutes les données recueillies et les transmet au commandement stratégique chargé de riposter en cas d'attaque nucléaire ; ce n'est qu'en second lieu que le mot NORAD évoque un accord conclu entre les États-Unis et le Canada exploitant ensemble un commandement intégré de défense aérienne [...] [5].

Naturellement, non seulement le quartier général du NORAD est-il situé aux États-Unis, mais, faut-il le souli-

---

4. *Ibid.,* p. 205.

5. David Cox, « La Défense continentale : analyse des tendances et perspectives canadiennes », in *Les Cahiers de l'Institut,* n° 2, Ottawa, 1987, p. 33, publié par l'*Institut canadien pour la paix et la sécurité internationale.*

gner ? le commandant en chef est, et a toujours été, un général de l'armée de l'air américaine...

Cette entente, complètement orientée vers la défense de notre continent dans l'hypothèse d'une agression de l'URSS dirigée contre les USA, demeure aujourd'hui, en dépit de la disparition de toute menace, réelle ou imaginaire, émanant de la défunte URSS, le traité le plus important de tous nos engagements internationaux. Nous continuons à servir les intérêts américains, quelque soit l'usage que feront les États-Unis de cette armée unifiée, car aucune remise en question du NORAD ne semble être à l'ordre du jour politique.

L'OTAN : la logique de la violence

L'alliance avec un pays plus puissant que soi peut s'avérer utile pour faire face à une agression, mais dans le cas du Canada, cela comporte aussi de grands dangers.

Le Canada compte parmi les membres fondateurs de l'OTAN. L'OTAN est un organisme de défense mutuelle. Le Canada a signé le Pacte de l'Atlantique Nord avec les quatorze autres pays fondateurs, en avril 1949. Il a renouvelé son accord en avril 1969 et en avril 1989. Les députés ne sont pas consultés pour autoriser le renouvellement de cette entente. Les objectifs de l'OTAN seraient, prétend-on, d'aider à prévenir la guerre :

> Elle [l'Alliance Atlantique] s'y emploie en essayant d'améliorer la compréhension entre l'Est et l'Ouest et en se dotant d'une puissance suffisante pour décourager toute attaque contre l'un ou l'autre de ses membres. Le Traité stipule que les membres de l'Alliance se prêteront mutuellement assistance en cas d'attaque contre l'un d'entre eux [6].

---

6. Service de l'information de l'OTAN, *Comparaison entre l'OTAN et les pays du Pacte de Varsovie*, Bruxelles, 1984, p. 1.

Le Canada assume donc la responsabilité avec les autres pays membres des actions entreprises dans le cadre de cette alliance militaire. Il doit se plier aux exigences de solidarité qu'entraînent les engagements pris par les partenaires. Il est notoire qu'au sein de l'OTAN, l'influence politique d'un pays est proportionnelle à son engagement financier. Celui du Canada étant très faible, le pays a très peu d'influence comparativement au Royaume-Uni, aux États-Unis et à la majorité des autres membres de l'Alliance. La contribution américaine est majeure et le commandant suprême des forces alliées en Europe a toujours été un général américain. En cas de guerre, le commandant suprême dirigerait, dans la zone de son commandement (l'Europe), toutes les opérations terrestres, navales et aériennes. Le Manuel de l'OTAN spécifie que la « défense des zones de l'intérieur et celle des eaux territoriales demeurent la responsabilité des autorités nationales intéressées. Mais le commandement suprême aurait toute autorité pour y effectuer les opérations qu'il estimerait nécessaires pour la défense d'une partie quelconque de sa zone de commandement [7] ».

Le poste de secrétaire général de l'OTAN a toujours été attribué à des généraux représentant les divers pays membres. Le *Manuel de l'OTAN* décrit ainsi les tâches du secrétaire général [8] : « Le secrétaire général est chargé lui-même de promouvoir la consultation au sein de l'Alliance et d'en diriger le déroulement. Il est habilité à proposer des sujets de discussion. Il a le pouvoir d'user de ses bons offices à tout moment dans le cas de différends entre les

---

7. *Manuel de l'OTAN,* version 1982, p. 40, publié par le Service de l'information de l'OTAN, Bruxelles.

8. *Ibid.*

pays membres et, avec leur consentement, de prendre l'initiative d'une enquête ou d'une médiation, d'une conciliation ou d'un arbitrage. » Le secrétaire général est aussi le porte-parole des ministres de la Défense ; son rôle opérationnel en situation de crise est cependant tout à fait secondaire.

Par son adhésion au Pacte de l'Atlantique, le Canada cautionne l'OTAN, une institution anti-démocratique, et les politiques militaires souvent agressives qu'elle prône. Le général Alexandre Sanguinetti rappelle que « dans la crise de Cuba et dans la crise du Kippour, l'Amérique a pu mettre ses forces en état d'alerte nucléaire sans en rendre compte aux gouvernements européens, mais en engageant automatiquement toutes les forces de l'OTAN [9] ». Il va sans dire que cette colonisation de l'Europe de l'Atlantique par les USA n'est pas très bien acceptée...

L'OTAN exerce une pression constante pour une plus grande militarisation du Canada. Le spectre de la puissance militaire soviétique s'est avéré un outil politique des plus utiles en ce sens. Mais l'effet le plus tragique de la participation du Canada à l'OTAN est sa complicité dans le développement de la périlleuse spirale de violence que constitue la dissuasion nucléaire.

Les prétentions des promoteurs de la « paix » nucléaire

La puissance de l'intimidation nucléaire de l'OTAN aurait, selon les gouvernements occidentaux, garanti 45 ans de « paix » sur le vieux continent. Cette prétention a constamment servi à justifier la politique canadienne d'adhésion à l'OTAN. Solidarité oblige, les politiciens canadiens ont toujours attaqué avec virulence les

---

9. Alexandre Sanguinetti, *L'armée pour quoi faire ?*, Éditions Seghers, Collection Point de départ, Paris, 1977, p. 158.

organismes qui s'interrogeaient sur la pertinence de cette adhésion. Certains militaires ne se gênent pourtant pas pour démolir publiquement la thèse de la dissuasion nucléaire. Ainsi, le vice-amiral Elmar Schmahling ridiculise l'effet de la dissuasion nucléaire, pourtant défendue à qui mieux mieux par les médias et les ministres canadiens de la Défense : « Selon cette logique, on pourrait prétendre que le sel éloigne les éléphants puisque personne n'a d'éléphant dans sa cuisine [10]. »

Beaucoup de facteurs sont régulièrement cités pour expliquer l'absence d'agression « communiste » contre l'Europe de l'Ouest, depuis la Seconde Guerre mondiale :

- l'expérience russe des deux grandes guerres mondiales ;

- la dévastation de l'Union Soviétique après la guerre de 1939-1945 (17 000 000 de morts) ;

- la multiplicité culturelle du pays et le caractère répressif de son système politique susceptibles d'engendrer des défections massives des soldats ;

- le manque de confiance des dirigeants militaires dans leurs soldats, conscrits et mal payés, et dans leurs systèmes d'armements ;

- l'impact catastrophique sur le plan des relations internationales et de la politique intérieure des interventions militaires en Allemagne de l'Est en 1953, en

---

10. Le vice-amiral Schmahling est un officier du Bundeswehr allemand. Il a prôné l'adoption d'une politique militaire purement défensive et a ouvertement dénoncé l'hégémonie des États-Unis au sein de l'OTAN. La citation est tirée de « Nonoffensive Defence », in *International Research Newsletter,* Université de Copenhague, août 1990. (Trad. de l'auteur).

Hongrie en 1956, en Tchécoslovaquie en 1968, en Pologne et en Afghanistan dans les années 1980 ;

— la corruption de la direction politique des pays et, dans la population, l'absence généralisée de soutien aux pouvoirs politiques et au système économique ;

— la résistance économique, sociale et politique des populations et d'importantes institutions des pays satellites, ainsi qu'au sein de l'URSS elle-même ;

— le très grand attrait du système économique occidental pour les populations est-européennes.

À l'encontre des prétentions de l'OTAN, nous ne devons pas oublier que seuls les pays riches ont bénéficié de ces quarante-cinq ans de « paix » sur le continent européen. Cette « paix » s'est maintenue au prix de multiples guerres par procuration dans les pays exploités du tiers monde — « une centaine de conflits majeurs [qui] ont entraîné, selon les sources, la mort de quinze à cinquante millions de personnes, auxquelles il faut ajouter les souffrances des blessés, les difficultés des survivants, les destructions matérielles et écologiques [11] ».

En fait, la dissuasion militaire ou nucléaire, que les politiciens canadiens défendent avec toujours autant de virulence, n'est, au mieux, qu'un des nombreux éléments qui ont pu compter dans la balance.

Les conséquences de la soumission

La violence entraîne la violence. Quand on y croit, on la perfectionne. L'ennemi, selon la même logique, améliore

---

11. Jean-Marc Lavieille, *Construire la paix,* tome 1 : *Les armements détruisent l'humanité,* Chronique Sociale, Lyon, 1988, p. 140.

ses propres moyens jusqu'à ce qu'on atteigne une inconcevable capacité de destruction. Nous nous sommes souvent retrouvés au bord du gouffre ; quelques exemples suffiront à éclairer notre propos.

La crise des missiles intermédiaires

Rien ne peut mieux illustrer les conséquences dramatiques de la stratégie nucléaire que l'étude de la crise des missiles intermédiaires en Europe. En 1983, le commandement de l'OTAN décidait d'installer des missiles de croisière en bordure de l'Union Soviétique. Du site de leur déploiement, les missiles Pershing pouvaient atteindre le cœur de Moscou en l'espace de 5 minutes. Leur précision était telle qu'ils étaient capables de détruire les postes de commandement et les missiles soviétiques dans leurs silos de lancement. La plupart des porte-parole de la communauté scientifique américaine évaluaient à 15 minutes au moins, le temps nécessaire pour décider s'il s'agissait d'une alerte réelle ou fausse. Avec une moyenne de 150 fausses alertes par année dans les systèmes américains, une fois les missiles déployés, la probabilité d'accident nucléaire causé par une erreur dans la détection d'une alerte s'élevait, selon les chiffres de l'*Union of Concerned Scientists* des États-Unis, à 93 pour 100 par année. Si donc, pour prévenir une agression soviétique faussement évaluée, l'OTAN avait décidé d'attaquer, l'URSS n'aurait pas eu d'autre choix que celui d'utiliser, dès l'alerte et sans analyse, la presque totalité de son arsenal nucléaire, pour éviter de le voir ou bien devenir inutile ou bien exploser sur son propre territoire.

Au début des années 1980, le premier ministre Trudeau prononçait devant les Nations Unies un discours remarqué qui exposait les bonnes intentions de son gouvernement en vue d'une stratégie internationale pour mettre fin à la course aux armements. Cela n'a pas empêché le gouvernement canadien de se rallier rapidement à la « nécessité » d'endosser le déploiement des missiles de croisière et des Pershing sur le territoire des pays européens membres de l'OTAN. Certains des gouvernements des pays directement concernés — et leurs populations ! — n'ont pas manqué d'opposer une résistance ouverte à cette décision prise par le commandant américain de l'OTAN. Les protestations ont atteint une telle envergure que le déploiement des missiles a été considérablement ralenti, mais les Américains n'en ont pas moins imposé la réalisation de cette décision.

Pendant toute la durée de la guerre froide, les gouvernements occidentaux ont affirmé que la garantie de destruction mutuelle rendait improbable la confrontation nucléaire. Pourtant, le simple fait de combiner les caractéristiques technologiques du missile de croisière [12] avec la proximité des cibles est-européennes et la rapidité des

---

12. Voici les principales caractéristiques du missile de croisière :
   - *sa petite taille* le rend très difficile à repérer et en fait un instrument idéal pour les opérations surprises ;
   - *sa mobilité et sa souplesse d'adaptation* font qu'il peut être largué à partir de camions, de bateaux, de sous-marins ou de bombardiers, ce qui rend sa détection encore plus difficile. Il peut porter des ogives chimiques, nucléaires, biologiques ou conventionnelles ;
   - *sa précision* est telle qu'il peut atteindre une cible avec un écart de moins de 100 mètres sur une trajectoire de plus de 3000 km ;
   - *sa trajectoire en rase-motte* lui donne la capacité d'éviter les systèmes de détection ennemis ;
   - *son prix* — moins de 2 millions de dollars — le rend facilement accessible.

Pershing nous amène à une conclusion évidente : il s'agit là d'un système incontestablement offensif. En 1983, Il y avait déjà 50 000 ogives nucléaires déployées de part et d'autre du rideau de fer, ce qui suffisait largement pour concrétiser la menace de dommages considérables sur laquelle repose la théorie de la dissuasion. Le déploiement des missiles intermédiaires — inutile sur ce plan — amplifiait dramatiquement le danger de guerre nucléaire accidentelle. En fait, ces nouveaux missiles à portée intermédiaire ont été conçus en vue d'une agression préventive « First Strike ». Les prétentions officielles selon lesquelles l'Occident ne faisait que répondre à la menace des missiles soviétiques SS-20 déjà déployés dans les pays du Pacte de Varsovie n'étaient pas fondées. Ces armes soviétiques, à cause de leur portée réduite et de la distance entre leur site de déploiement et les cibles militaires prioritaires en territoire ennemi, c'est-à-dire aux USA, ne pouvaient être considérées comme une menace susceptible de décapiter la capacité de riposte américaine.

Peut-on considérer comme « un état stable » le fait de vivre en permanence avec une épée de Damoclès au-dessus de la tête ? Sommes-nous en présence de moyens rationnels de défense ?

Riposte sur alerte : la réalité dépasse la fiction

Lorsqu'on désire évaluer les probabilités qu'une guerre nucléaire accidentelle ne survienne, on ne doit pas se limiter à l'étude des caractéristiques technologiques des missiles déployés : il faut aussi examiner les systèmes de détection et de communication, car une erreur à ce niveau peut avoir le même résultat. Or, la détection avancée et la communication sont la responsabilité spécifique du Canada dans le NORAD.

L'ancien recherchiste de la Rand Corporation chargé, au début des années 1960, des plans nucléaires de la Maison Blanche, Daniel Ellsberg, illustre avec éloquence ces dangers :

« [...] les Soviétiques ont prévenu que si les Pershing étaient installés en Europe, menaçant ainsi leurs centres de commandement et de contrôle d'une agression par des missiles qui ne prendraient que six minutes pour atteindre leurs cibles — pas assez de temps pour qu'un être humain puisse prendre une décision — ils automatiseraient leur contre-attaque et brancheraient les ordres de lancement de leurs missiles sur leur système électronique d'alerte, parce que ce serait là le seul moyen pour eux de s'assurer de l'exécution de leurs ordres de lancement avant l'arrivée des ogives Pershing, trop proches et trop précises.

« Maintenant, j'aimerais croire que les Soviétiques ne vont pas installer la riposte sur alerte (launch on warning) et j'espère qu'ils ne le feront pas. Mais je ne crois pas qu'ils soient tellement différents de nos propres planificateurs.

« Notre Pentagone s'est mis à parler de la « riposte sur alerte » dès que la précision des Soviétiques s'est améliorée grâce à leurs SS-18. Nous avons la capacité de riposte sur alerte, même si elle n'est pas présentement utilisée. Les SS-18 intercontinentaux nous permettent une confortable période de prise de décision de 28 à 30 minutes, par rapport aux 6 minutes des Soviétiques.

« Si les Russes adoptaient la « riposte sur alerte », notre sécurité dépendrait alors de la fiabilité des systèmes d'ordinateurs soviétiques. Nous ne pouvons qu'espérer qu'ils soient beaucoup plus fiables que les nôtres, car une étude sénatoriale l'an dernier a révélé que nous avions eu 147 fausses alertes au cours des 18 mois précédents. Quatre d'entre elles ont duré plusieurs minutes (la moitié du temps

de vol d'un missile Pershing) et des avions du commandement et contrôle ont effectivement décollé.

« En d'autres termes, les Russes nous ont fait savoir qu'ils
mettraient la roulette en branle, tout comme nous le ferions
probablement, si les Pershing vont en Allemagne, ce que nous
promettons de réaliser d'ici la fin de 1983. Alors nous
n'aurons plus qu'à attendre la première erreur d'importance
des ordinateurs soviétiques et le tour sera joué [...] [13] »

En insistant sur l'aspect « constructif » de sa participation à la défense aérienne du continent, le Canada ca-
moufle sa responsabilité dans la course aux armes nucléaires. Mais les Canadiens peuvent-ils se permettre de
considérer le rôle stratégique de leur pays comme un rôle
mineur quand celui-ci consiste à détecter l'alerte, vraie ou
fausse, qui pourrait entraîner un conflit nucléaire ?

Les armes nucléaires ne peuvent être « désinventées » ;
tant qu'elles existeront, il faudra que les citoyens responsables s'en préoccupent. La pensée du célèbre Albert
Einstein reste actuelle : « La libération de la puissance de
l'atome a tout changé à l'exception de notre façon de penser et nous nous dirigeons en conséquence vers des catas-
trophes sans précédent [14]. »

La saga du missile de croisière

Le Canada ne possède ni les imposantes ressources
financières qui lui permettraient de se procurer des systèmes d'armes sophistiquées ni les infrastructures indus-

---

13. Conférence donnée à l'occasion d'un symposium sur la pré-
vention d'une guerre nucléaire, tenu à l'Université British
Columbia en mars 1983, sous le parrainage de l'organisation
Physicians for Social Responsibility. (Trad. de l'auteur).

14. Cité par Jonathan Schell, *Le destin de la terre,* Albin Michel,
Paris, 1982, p. 210.

trielles nécessaires pour qu'il puisse faire le poids et influencer la politique militaire nord-américaine (lire des États-Unis). Il possède par contre un vaste territoire doté d'une très faible densité de population. Ce sont les caractéristiques idéales pour des sites d'entraînement militaire.

Jusqu'en 1980, le NORAD était assorti de la clause dite « ABM » qui prévoyait spécifiquement que cet accord ne pouvait d'aucune façon obliger le Canada « à participer à des opérations de défense au moyen de missiles balistiques [15] ». Avant la reconduction de l'accord, en 1980, on a bien consulté le Parlement sur l'opportunité de ce renouvellement, mais sans l'informer que « la clause sur les missiles antimissile risquait d'être supprimée, et [il n'a pas eu] l'occasion de faire de déclarations lorsqu'elle a été officiellement abrogée [16] ». Fidèle à sa tradition « démocratique », le Canada concocte, au début de l'année 1983, un accord secret dans le cadre de l'entente du NORAD. Le Canada accepte de prêter son territoire aux Américains pour faire les essais de nouveaux engins de guerre. Cette entente a fait couler beaucoup d'encre puisque sa signature annonçait l'acceptation d'un tout nouveau rôle pour le Canada.

En 1985, un communiqué du ministère des Affaires extérieures nous dit qu'il s'agit d'un « important projet d'entente », comprenant « des essais du système de guidage du missile de croisière américain ». Curieusement, le gouvernement s'entêtera à justifier sa décision en s'appuyant sur les engagements du Canada envers l'OTAN, bien que le missile de croisière aéroporté n'ait jamais été utilisé par cette organisation, mais uniquement par l'armée américaine. Le gouvernement canadien préfère entretenir la

---

15. NORAD 1986, *op. cit.*, p. 19.

16. *Ibid.* p. 72.

confusion quant aux véritables raisons qui justifient cette entente.

Les essais du missile de croisière déclencheront une vive opposition et provoqueront un véritable tollé de la part des organisations pour la paix. Des manifestations, des actions de désobéissance civile, des poursuites judiciaires s'ensuivront, mais le gouvernement s'entêtera à aller de l'avant avec son projet. En fait, le mouvement pacifiste s'opposait à l'utilisation par les États-Unis de l'entente du NORAD pour imposer au Canada un nouveau rôle dans la défense continentale. On réprouvait également l'implication du Canada dans une toute nouvelle approche de la guerre qui devait inévitablement entraîner une escalade dans la course aux armements. Le développement du missile de croisière nous faisait passer de la dissuasion nucléaire à une nouvelle théorie agressive de la défense. La propension à l'agression militaire du pays qui possède ces armes est accrue. Le petit avion sans pilote rend possible le vieux rêve qui veut que seuls, les « méchants ennemis » mourront, certains « dommages collatéraux » (lire des milliers de victimes non belligérantes) ne se produisant qu'à la suite d'erreurs de précision. Cette nouvelle guerre épargnera la presque totalité des soldats du pays agresseur. La chasse aux pays « rebelles » peut donc s'ouvrir.

À compter de 1985, les essais du missile de croisière servent à mettre au point la nouvelle ligne de détection avancée « SAN » qui remplace graduellement l'ancienne ligne de détection des bombardiers provenant du Grand Nord du continent, la ligne « DEW ». La menace d'agression par des bombardiers provenant du Grand Nord était tellement peu plausible que, peu à peu, la ligne DEW était tombée en désuétude. Avec l'avènement des missiles de croisière à longue portée et dans le cadre de la guerre froide, cette menace d'agression par le Nord reprend la vedette. La nouvelle ligne de détection, qui comprend l'installation de plusieurs bases d'interception aérienne, est technologiquement beaucoup plus avancée. Elle sera éventuellement combinée à des satellites de détection et appuyée par les gigantesques avions de détection américains AWACS [17]. Ce système pourrait théoriquement prévenir une offensive de missiles de croisière contre l'Amérique du Nord. Malgré la nouvelle conjoncture politique, on continue l'installation de ce système de détection avancée qui, pourtant, devra rapidement être remplacé ou complété par un réseau de satellites intégrés à l'IDS si on ne veut pas limiter la protection du continent au seul Grand Nord. Ce plan complémentaire de défense aérienne du territoire s'appelle l'IDA. Le méli-mélo des explications sur ce que pourrait être ce système et comment il pourrait être combiné avec les technologies spatiales de l'IDS ou remplacer la ligne de détection SAN est tel qu'il suffit à décourager le citoyen le plus déterminé à comprendre. La facture de ce projet risque d'en être d'autant plus salée. Voici en quelques lignes ce qu'en pensait en 1986 le ministère canadien de la Défense qui, cette fois, ne nous cache pas son jeu :

> En ce qui a trait à la mise au point des systèmes basés dans l'espace ou utilisant l'espace, le Canada continuera à collaborer avec les États-Unis et à mettre frais, responsabilité, expérience et technologies en commun avec eux, comme il le fait depuis presque trente ans au sein de NORAD. Dans le domaine de la défense aérienne, la nature et le coût de la technologie ont prouvé la pertinence d'accords bilatéraux en matière de défense continentale. Il y a lieu de maintenir cette tradition en ce qui concerne la défense aérospatiale.

---

17. Les AWACS ont la dimension d'un Boeing : pour atterrir, il leur faut des pistes aussi longues que celles qu'on retrouve à Mirabel.

Nous prévoyons continuer à collaborer avec les États-Unis pour tout ce qui touche la détection lointaine et la surveillance servant à la défense de l'Amérique du Nord, que les dispositifs choisis pour ce faire soient basés sur terre, dans les airs ou dans l'espace [18].

L'entente bilatérale du NORAD peut à juste titre être considérée comme une sérieuse menace à la souveraineté canadienne . Les intérêts stratégiques et politiques américains sont loin de correspondre aux intérêts canadiens. En fait, ces intérêts sont très souvent en compétition directe avec les nôtres. À titre d'exemple, pendant toute la durée de la guerre froide, le Canada aurait pu tirer de nombreux avantages économiques d'une collaboration avec l'Union soviétique. Les territoires soviétiques et canadiens partageaient d'importantes similitudes climatiques agissant sur la production agricole, l'exploitation de la pêche, des forêts et des côtes ou dues à la proximité des territoires arctiques. L'étendue des territoires respectifs des deux nations créaient des problématiques similaires dans le domaine du transport. Avec un peu d'imagination, on devine que les lieux de convergence possible étaient nombreux. La neutralité canadienne aurait probablement permis une collaboration qui aurait placé le Canada dans une position extrêmement avantageuse en cette période de décloisonnement des économies de l'Est. L'entente du NORAD a eu comme conséquence de paralyser pendant de nombreuses années les possibilités du Canada de servir d'intermédiaire pour dépolariser la guerre froide. Les populations du Bloc de l'Est ont dû miser sur leurs seuls moyens pour transformer les régimes politiques qui les

---

18. Ministère de la Défense nationale, *Défis et engagements : une politique de défense pour le Canada,* Ottawa, 1986, p.3.

subjuguaient. Le Canada, à cause de ses alliances militaires, avait les poings liés.

Après l'URSS, rien de nouveau

L'arrêt du déploiement des missiles intermédiaires et leur retrait combinés à la profonde métamorphose du paysage européen ont, bien sûr, atténué l'allure dramatique de la situation. L'attitude principalement défensive qu'a prise l'Union soviétique à compter de 1989 et sa puissance militaire en processus de décentralisation rapide rendent la menace soviétique directe hypothétique. De plus, les nouvelles affiliations économiques de l'ancien Bloc de l'Est avec l'Occident rendent de plus en plus improbable un affrontement entre les anciens protagonistes de la guerre froide. Cela a rendu nécessaire une restructuration au sein de l'OTAN.

L'OTAN ne semble pas avoir l'intention de recommander une démilitarisation à ses membres. L'organisation subit une graduelle métamorphose qui la transformera en une institution militaire munie de forces multinationales, équipées de matériel léger et mobile, lui donnant la capacité d'intervenir à l'échelle du globe. La nouvelle structure militaire qui se concocte actuellement semble correspondre fort exactement aux « intérêts stratégiques » américains. On peut citer en exemple la nouvelle flotte permanente en Méditerranée (STANAVFORMED) stationnée à Naples, tout près de la Lybie. Cette force d'intervention rapide est capable de faire face à « toutes les formes d'instabilité », pour reprendre les propos du général John Galvin. L'intention des États-Unis est de créer une institution multinationale sous commandement américain, capable d'endosser rapidement leur politique extérieure et de servir leur doctrine interventionniste. La guerre du Golfe persique nous a donné un avant-goût de l'avenir que nous réservent les USA.

L'OTAN, sous le joug américain, n'a pas renié les armes nucléaires. Les États-Unis et le Royaume-Uni refusent toujours la transformation du traité de 1963 interdisant les essais nucléaires atmosphériques en véritable traité d'interdiction totale des essais nucléaires. Le désir de raffiner la technologie de destruction est donc toujours aussi présent. Malgré les traités, les négociations et une certaine diminution des troupes, l'OTAN croit toujours, semble-t-il, à une menace soviétique. Il est indéniable que l'instabilité politique qui règne dans l'ancienne Union soviétique a déjà poussé des dirigeants et des militaires qui s'accrochent au pouvoir à poser des gestes de désespoir insensés. Il ne faut pas oublier non plus que de nouvelles tensions internationales peuvent encore conduire à des confrontations militaires. La Chine, puissance nucléaire toujours communiste, pourrait se sentir acculée au mur. Elle constitue aussi une menace. La dissolution de l'Union soviétique en cette nouvelle Communauté des États Indépendants, composée maintenant de plusieurs États nucléaires, demeure une réalité préoccupante pour les dirigeants militaires occidentaux.

La refonte des structures de l'OTAN présentement en cours tient compte de ces nouvelles réalités. Malgré l'opposition croissante de plusieurs pays membres, le rapport final de la session ministérielle de décembre 1990, à Bruxelles, réaffirme l'utilité des armes nucléaires en Europe et semble envisager sérieusement leur utilisation croissante à l'échelle mondiale. Le général norvégien Vigleik Eide, responsable du comité militaire de l'OTAN, a donné des détails sur les éléments clés de la réorganisation de l'après guerre froide. Il s'agira de favoriser la création de petites unités multinationales. Avec la diminution de la menace soviétique, le rôle des forces de l'OTAN sera de protéger les intérêts stratégiques des pays membres où qu'il soient sur la surface de la terre. Une plus grande portion des ressources sera allouée à l'amélioration des capacités de déplacement aéroporté et naval. Cette orientation correspond assez précisément aux caractéristiques des forces multinationales qui sont intervenues lors de la guerre du Golfe persique, sous l'égide des Nations Unies. Cette nouvelle structure militaire multinationale et permanente remplacera-t-elle, parce que mieux équipée et coordonnée, les casques bleus de l'ONU actuelle ? La politique américaine axée sur l'intervention militaire s'imposera-t-elle aux pays de l'Europe occidentale ? Verrons-nous dorénavant la menace et l'agression militaire utilisées comme extensions normales et courantes de la politique extérieure des pays riches ?

Au Pentagone, on continue à vouloir maintenir un fort programme de recherche et de développement dans tous les secteurs de la technologie militaire de pointe, quitte à suspendre la production massive d'armes en attendant l'identification d'un nouvel ennemi. Pour ce qui est de la défense de notre continent, il semble bien que les missiles de croisière soient la principale préoccupation des autorités militaires. Les penseurs du Pentagone tenteront d'implanter des systèmes de défense capables de détecter, de suivre et d'intercepter les missiles de croisière. L'arrivée des armes nucléaires dans plusieurs nouveaux pays du « monde exploité » nécessitera le développement d'un autre grand axe stratégique ; à l'axe est-ouest des menaces possibles devra s'ajouter un axe nord-sud.

La plus grande erreur des promoteurs de la dissuasion nucléaire est de négliger constamment les faits suivants : l'escalade technologique des moyens de violence est dynamique ; les tensions et les conflits internationaux sont des événements récurrents ; les risques d'erreur sont réels et on ne peut pas présumer que l'analyse rationnelle est une constante régissant les décisions des dirigeants politiques. L'histoire nous apprend au contraire qu'un pouvoir qui se sent menacé a une forte propension à poser des gestes irrationnels. Certes, la situation mondiale évolue rapidement et les pièces occupent des positions différentes sur l'échiquier mondial. Le nombre de joueurs a augmenté et les tensions, auparavant canalisées dans la confrontation est-ouest, sont maintenant ressenties régionalement. Même si tous les plans de neutralisation de production militaire, de réduction des budgets militaires et de réduction des équipements se réalisent, il y aura seulement un peu moins de puissance explosive en jeu.

Il ne faut pas se limiter aux enjeux géopolitiques et aux problèmes technologiques dans l'analyse des dangers d'une confrontation nucléaire. Une foule d'autres considérations doit la compléter. De nombreuses études ont démontré que l'alcoolisme, les dépressions et la toxicomanie sont des problèmes fréquents chez les militaires responsables des armes nucléaires. Les nouvelles doctrines axées sur une intervention à l'échelle du globe entraînent une décentralisation du pouvoir de commandement nucléaire vers les unités de combat. Tous ces facteurs et plusieurs autres font en sorte que la situation actuelle n'est pas beaucoup moins menaçante qu'au début des années 1980. Nous bénéficions actuellement d'une pause sur la scène de la politique mondiale. Nous sommes temporairement sortis de cette crise qui aurait bien pu tourner à la catastrophe. La lente répartition de la capacité nucléaire vers d'autres pays engendrera une toute nouvelle forme de crise. Nous ne pouvons qu'espérer avoir le temps de trouver d'autre voies que celle de la confrontation pour y faire face.

Encore aujourd'hui, l'absence de politique canadienne autonome et la dépendance quasi complète quant à nos moyens de défense de l'illusoire protection fournie par le parapluie nucléaire américain est un scandale. Le jeu de l'intimidation nucléaire est dangereux autant au niveau de la fabrication des armes qu'au niveau de leur déploiement et à celui des probabilités élevées d'une utilisation accidentelle. De plus, ces moyens de dissuasion nucléaire sont inutilisables : en situation de défense, ils anéantiraient ce qu'ils prétendent protéger. Pour couronner le tout, il n'y a jamais eu et il n'y aura probablement jamais de système de défense efficace contre les armes nucléaires. Toute tentative de développer de tels systèmes amènera un nouveau bond en avant dans la course aux armements.

Qui peut encore oser dire qu'il y a une politique militaire autonome au Canada ? Si on fait la liste des grandes réalisations canadiennes en matière de défense, toutes sont associées de près à notre intégration militaire aux États-Unis : les essais des missiles de croisière au-dessus du territoire canadien ; l'installation de la ligne DEW dans le grand nord canadien, maintenant remplacée par le système SAN ; les recherches connexes à ce projet poursuivies à la base canadienne d'Alert sur l'île d'Ellesmere (ces recherches ont pour but d'améliorer les communications à haute fréquence avec les satellites américains Milstar) ; les postes controversés de Nanoose Bay où la marine américaine met à l'essai des systèmes de détection sous-marine et où ont lieu des simulations de guerre nucléaire sous-marine ; les divers sites d'entraînement aérien répartis sur tout le territoire canadien où des vols d'aéronefs militaires américains à capacité nucléaire ont lieu [19]... Une telle liste pourrait se continuer *ad nauseam* au grand dam des géné-

---

19. Rappelons que les États-Unis refusent de divulguer la présence ou l'absence d'armes nucléaires à bord de leurs appareils

raux canadiens dont plusieurs concèdent cependant en privé qu'une politique canadienne de défense, c'est de la fiction.

CHAPITRE 2

L'industrie militaire

« Attendu que les entreprises de production d'armements se sont employées à stimuler la peur d'une guerre et à persuader leurs pays de développer des politiques militaristes qui augmentaient les besoins en armes.

« Attendu que ces entreprises ont tenté de soudoyer des officiers gouvernementaux, autant chez elles qu'à l'étranger.

« Attendu que ces entreprises ont diffusé de faux rapports au sujet du niveau d'armement naval de plusieurs pays afin de stimuler les dépenses militaires.

« Attendu que ces entreprises ont tenté d'influencer l'opinion publique en contrôlant des médias chez elles et à l'étranger.

« Attendu que ces entreprises ont organisé des réseaux internationaux pour monter les gouvernements les uns contre les autres afin d'accentuer la course aux armements.

« Attendu que ces entreprises se sont organisées en cartels afin de contrôler les prix des armes vendues aux gouvernements [...]. »

LA SOCIÉTÉ DES NATIONS, 1921 [1].

---

1. Cité par Anthony Sampson dans « Arms Bazaar », Press for Conversion, 1977, repris in *Coalition against Arms Trade,* hiver 1989-1990, p. 31. (Trad. de l'auteur).

Le complexe militaro-industriel canadien

Née au cours de la Seconde Guerre mondiale en 1940, l'alliance canado-américaine, qui allait se transformer à la fin des années 1950 pour devenir l'entente du NORAD, recevait, dès 1941, un important corrolaire : « [...] on ne pouvait permettre que les problèmes de balance de paiements entravent la fabrication de matériel militaire dans l'un des deux pays », nous annonçaient, dans une déclaration conjointe, le président Roosevelt et le premier ministre Mackenzie King [2]. Le complexe militaro-industriel canadien, totalement dépendant des politiques du Pentagone, n'a pas d'autre origine que les accords canado-américains sur le partage du développement industriel pour la défense et la production de la défense (DD/DPSA) dont l'entente du NORAD est assortie et qui, comme elle, ont succédé aux accords de la Seconde Guerre mondiale.

Cette dépendance est d'ailleurs acceptée et encouragée. Dans son livre *Changing the Guard*, P.H. Langille cite un extrait d'un rapport préparé par le brigadier général à la retraite Yorst, intitulé *Mobilisation industrielle au Canada* :

> [...] malgré une exception notable, les Arsenaux Canadiens Ltée, notre infrastructure de production industrielle de biens de défense fait partie de l'industrie continentale de production d'armes dominée par les États-Unis. Nous devons adopter une attitude pragmatique et chercher les moyens de favoriser le développement de cet état de choses pour améliorer notre sécurité nationale et, du même coup, améliorer le pouvoir d'intimidation du Norad [3].

---

2. NORAD 1986, *op. cit.,* p. 3.

3. P.H. Langille, *Changing the Guard,* Toronto University Press, 1990, p. 88.

Voici, en résumé, comment une brochure du ministère des Affaires extérieures décrit les objectifs d'un « programme canado-américain à coût partagé pour l'expansion de la défense » :

a) Contribuer à maintenir le programme de partage de
production de la défense à un niveau technologique
élevé en permettant à des sociétés canadiennes d'exé-
cuter des travaux de recherche et de développement
pour répondre aux besoins des forces armées américaines.

b) Mieux utiliser les ressources industrielles, scientifiques
et techniques des États-Unis et du Canada dans un souci
de défense réciproque et fournir au Canada de bonnes
occasions de participer à la recherche et au développement, ainsi qu'à la production d'équipement et de
matériel militaires de pointe qui présentent un intérêt
pour les deux pays.

c) Contribuer à la normalisation et à l'interchangeabilité
d'une proportion plus grande du matériel nécessaire à
la défense de l'Amérique du Nord. Encourager le gouvernement canadien à aider les entreprises militaires
qui doivent obtenir un accès plus large à une bonne
part du vaste marché américain et à une panoplie de
contrats du Pentagone.

Grâce à ce genre de climat industriel favorable au
partenariat gouvernement/entreprises militaires, les industriels de ce secteur ont tout ce qu'il faut pour développer
une expertise spécifique exportable. De plus, le Canada
est assuré d'un certain équilibre entre la valeur de ses approvisionnements aux États-Unis et la valeur des acquisitions américaines sur son territoire.

« Tout est pour le mieux dans le meilleur des mondes possibles », serions-nous tentés de dire comme Candide. La réalité est tout autre. Cette entente a placé l'industrie militaire canadienne, surtout dans les secteurs de pointe, à la remorque des politiques militaires changeantes du géant du sud. La production militaire nord-américaine est normalisée, elle est modelée par les normes du Pentagone. Le Canada devient fournisseur de pièces de plus en plus spécialisées. Il développe une base industrielle instable, dépendante de facteurs sur lesquels il n'exerce aucun contrôle. Les entreprises américaines gagnent l'accès aux ressources canadiennes et cèdent, en contrepartie, les sous-contrats et les travaux les plus incertains quant à la stabilité, ceux qui ont de faibles marges de profit à cause des coûts élevés de la main-d'œuvre et des caractéristiques technologiques des outils de production. Pour l'exportation, la production canadienne devient dépendante des clients américains. Ses industries sont forcées de s'orienter vers des productions compatibles avec celles du grand acheteur qui est, en bout de ligne, le Pentagone. Cependant, notre club industriel des bien nantis s'accommode fort bien de cette situation. Perdre un peu de souveraineté politique, cela ne pèse pas lourd devant l'accès possible à certains juteux contrats du Pentagone.

Les problèmes causés par cet état de chose ne sont pas que politiques. Grâce à cette fabuleuse collaboration économique, « la valeur de la production militaire canadienne est passée de 1 milliard de dollars en 1980 à environ 8 milliards en 1988 [4] ». La plupart des entreprises impliquées dans les secteurs de production militaire exportent

---

4. Yves Bélanger et Pierre Fournier, *Le Québec militaire,* Québec/Amérique, 1989, p. 13.

vers les États-Unis. Ce sont, entre autres, des entreprises œuvrant dans l'électronique et l'aéronautique et appartenant à des intérêts américains.

Les industriels canadiens adhèrent presque tous à la thèse voulant que le processus de « globalisation des marchés » soit inévitable. Pour eux, la croissance économique ininterrompue, garante du bonheur et du bien-être collectifs, passe par la libre circulation des biens et des capitaux. Les biens doivent être produits là où ils coûtent le moins cher et circuler sans entraves pour être vendus au plus offrant, où qu'il soit. Dorénavant, selon eux, seuls les marchés mondiaux peuvent permettre de mettre à profit l'immense capacité de production des entreprises et assurer la continuité dans la croissance de la production et de la consommation.

Le complexe militaro-industriel américain, nourri annuellement à partir d'un budget ayant dépassé les 450 milliards de dollars, en 1989, et qui constitue toujours la part du lion du budget total du gouvernement américain, devient donc un client de premier rang. Le Pentagone et ses partenaires commerciaux se rangent parmi les plus grands consommateurs au monde. Qu'est-ce qu'on peut demander de mieux en termes de marchés ?

Marchander la mort, pour financer la défense

Comme nous le verrons au chapitre 4, les dépenses militaires coûtent très cher à nos gouvernements. Le DPSA nous permet bien d'exporter aux États-Unis, mais en retour, il nous amène à importer beaucoup de nos armes (au-delà de 60 pour cent). Pour rentabiliser les investissements dans la production militaire, il ne reste qu'une voie : étendre à la surface du globe les ventes de nos entreprises. Pour notre gouvernement, faire la promotion de la production militaire canadienne, c'est un investissement à long terme dont le but est, grâce aux revenus fiscaux qui devraient en résulter, d'amortir les coûts de la recherche et du développement et celui des infrastructures de production et, qui sait ? peut-être même un jour de compenser les dépenses de notre armée. Si nous voulons une armée équipée sans trop de frais, il devient nécessaire de mousser la production des armes et d'en exporter beaucoup. Plus les usines exporteront, plus elles seront rentables et moins elles dépendront, comme c'est le cas actuellement, des généreuses contributions des gouvernements.

Cependant, il faut bien reconnaître que la demande internationale en armements de tous genres fluctue énormément. Les conflits s'allument, se développent, puis s'apaisent. De plus, la compétition est féroce, car tous les pays qui possèdent une armée tentent d'atteindre une relative autonomie dans la production des systèmes d'armes qu'ils utilisent ; ils cherchent également à minimiser les coûts de production pour accroître la rentabilité de leurs entreprises par l'exportation de leurs produits là où il y a des guerres. Pour réussir sur le marché international, il faut l'appui du gouvernement, des techniques de vente agressives et il faut vendre à qui veut acheter sans trop se poser de questions.

Le gouvernement canadien est entré de plein pied dans cette stratégie de stimulation de l'exportation. On constate ici, bien sûr, une grossière incohérence qui embête sérieusement nos diplomates, pourtant habitués à trouver réponse à tout. Le gouvernement amène les contribuables à accepter de financer une armée au nom de la sécurité nationale. L'armée est supposée nous protéger contre de possibles ennemis ; mais pour pouvoir obtenir à bon prix l'équipement dont a besoin cette armée, il faut se résigner à vendre nos armes aux quatre coins du globe, et cela, au plus offrant. Pour garantir notre sécurité, nous devons armer des ennemis possibles, quitte à intervenir, un jour, pour calmer un acheteur trop entreprenant, un Saddam Hussein par exemple... Cette salade risque d'être de plus en plus difficile à faire gober aux contribuables canadiens. La raison en est simple : les nouveaux contribuables canadiens viennent du Chili, du Salvador, du Liban, de l'Egypte, de l'Iran, du Sri Lanka, de la Yougoslavie, de l'Ukraine ou d'autres pays où les bombes canadiennes sont susceptibles de tomber sur leurs familles restées derrière...

La foire aux armes

Depuis une trentaine d'années, avec l'arrivée du printemps, le ministère des Affaires extérieures du Canada organise un événement pour promouvoir l'exportation de la technologie militaire canadienne dans plusieurs pays un peu partout dans le monde. Cet événement, le *High Technology Industries Export Conference* (HiTec), organisé par la direction des programmes de défense du ministère, permet aux fonctionnaires jouant le rôle de Commissaires au commerce, dans les ambassades canadiennes, d'avoir de nombreuses rencontres avec les représentants des grandes entreprises canadiennes de haute technologie militaire.

Tous les deux ans, immédiatement après la tenue de HiTec, ces Commissaires (voyageurs de commerce de l'industrie militaire gracieusement fournis par le gouvernement) peuvent aller constater la performance des industriels canadiens à la foire militaire ARMX. Cette foire aux armes, initiée en 1983 par le ministère de la Défense et vendue en 1985 à une compagnie privée, *Defence Publication Ltd.,* pour le prix symbolique d'un dollar, est un événement d'envergure. ARMX attire plus de 15 000 visiteurs : des représentants de fabricants canadiens et étrangers, des acheteurs militaires et des représentants de divers gouvernements. Bien que l'exportation ne soit pas le principal objectif de cette foire, la promotion de cet événement unique indique, sans la moindre ambiguïté, que les organisateurs n'oublient pas l'exportation ; en effet, c'est « une grande occasion pour les industries canadiennes de démontrer leur capacité d'exportation ». La tenue d'ARMX 89 a soulevé un tel tollé chez les citoyens de la ville d'Ottawa que le conseil municipal a dû voter une résolution bannissant ce genre d'activités de son territoire ; la foire de 1991 n'a donc pas eu lieu. En octobre 1993, une version très réduite d'ARMX a pu être tenue, mais ailleurs qu'à Ottawa.

La Corporation commerciale canadienne, une agence sous la responsabilité du ministère des Approvisionnements et Services, joue aussi un rôle d'intermédiaire entre l'industrie militaire canadienne et les gouvernements étrangers. Elle appuie financièrement ces entreprises dans la mise en marché de leurs produits, mise en marché qui se fait de plus en plus dans les pays du tiers monde.

L'implication du gouvernement ne se limite pas à un rôle de représentant. Par l'intermédiaire de programmes spécifiques qui visent à augmenter la productivité de l'industrie de la défense, le gouvernement offre des prêts et des subventions à cette industrie. Cet argent sert à la recherche et au développement de projets et au rééquipement jugé nécessaire afin que nos marchands d'armes puissent récupérer l'argent canadien dépensé sur les marchés extérieurs. Il n'est donc pas surprenant que le Canada soit classé parmi les dix principaux fournisseurs d'armes aux pays du tiers monde. Au cours des vingt dernières années, la proportion des ventes à ces pays a augmenté rapidement. Les États-Unis et plusieurs pays d'Europe, qui sont nos clients « légitimes », servent de plaque tournante pour le commerce des armes avec le tiers monde.

Depuis la grande « chasse à courre » du Golfe persique, les déclarations de notre gouvernement donnent l'apparence qu'il est déterminé à ralentir la course aux exportations d'armes vers les pays du tiers monde. Les diplomates canadiens participeront activement au développement et à la mise en vigueur d'un registre international des exportations d'armes, dans le cadre d'un effort fait de concert avec l'ONU. Pourtant, huit mois à peine après la chasse aux Irakiens, le Canada participait à la foire d'armements de Dubai, organisée sous le patronage de la République arabe unie. À la veille de l'événement, — notez que la foire de Dubai est reconnue comme la troisième en importance au monde, après Farnborough et Le Bourget —, le Canada a fait distribuer, dans le quotidien *Khaleej Times,* un « luxueux encart de 32 pages, [avec] photos en couleurs et annonces alléchantes », comme le rapporte Jooneed Khan [5]. Oerlikon, Bristol Aerospace, Bombardier-Short et même le ministère des Affaires extérieures du Canada y avaient des kiosques.

Le ministère des Affaires extérieures a l'habitude de faciliter la participation des compagnies canadiennes à ce genre de foires un peu partout dans le monde ; ces événements se nomment « Defence Asia », à Singapour ; « International Training Equipment », à Maastricht, aux Pays Bas ; « International Defence Equipment », à Ankara, en Turquie ; « Taipei Aerospace Technology Exhibition », à Taïwan ; « Defence Technology », à Séoul, en Corée du Sud ; « International Air and Space Fair », à Santiago du Chili. Le ministère facilite aussi chaque année la participation de nos marchands de canons à plus d'une dizaine de foires de ce genre aux États-Unis. On y retrouve parfois plus d'une vingtaine de représentants d'entreprises canadiennes, accompagnés de Commissaires au commerce de notre gouvernement. Tout ça afin d'augmenter la part

---

5. Série d'articles intitulée « La guerre du Golfe, un an après », Jooneed Khan, *La Presse,* semaine du 11 au 18 janvier 1992.

des industries canadiennes sur le marché international des armes.

Le Canada est un pays pacifique... quand cela fait son affaire : il est resté neutre dans le conflit irano-irakien de 1980 à 1988 — la guerre entre deux nations la plus meurtrière de ce siècle — et ses armes se sont retrouvées dans les deux camps.

Entre 1984 et 1988, du matériel militaire d'une valeur de plus de 1,3 milliard de dollars a été directement fourni par nos industriels canadiens à 21 des 31 pays reconnus pour avoir le plus fréquemment violé les droits de leurs propres citoyens. Des dix pays d'où le Canada reçoit le plus grand nombre de réfugiés, neuf ont reçu des armes de fabrication canadienne au cours des années 1980 [6]. Presque tous sont gouvernés par des dictatures militaires et sont sur la liste noire des pays reconnus pour violer régulièrement les droits fondamentaux [7]. Même le très conservateur *Fonds monétaire international,* qui impose d'écrasantes politiques d'austérité aux pays emprunteurs, a récemment identifié les dépenses militaires excessives comme facteur de sous-développement.

---

6. Selon les données d'un communiqué du 2 mai 1990 de la *Commission de l'Immigration et du Statut du réfugié,* pour ses trois premiers trimestres d'opération.

7. Voir à ce sujet : le *Ploughshares Monitor* et le *World Military and Social Expenditures* de 1989.

Les industriels québécois et la défense

Le 10 décembre 1988, les intervenants du secteur industriel militaire québécois et le journal *La Presse* célébraient à leur façon le 40ᵉ anniversaire de la *Déclaration des Droits de l'Homme*. Un publi-reportage de 14 pages, regorgeant d'éloges, de slogans et de photos en couleurs vantait les exploits d'industriels québécois actuels, passés et à venir dans l'industrie de la guerre. Ce dossier était le fruit d'une collaboration entre le ministère québécois de l'Industrie et du Commerce et de grands financiers intéressés à la lucrative production d'armement. Ils réclamaient à l'unisson leur « droit » à des contrats pour produire les sous-marins nucléaires que le gouvernement canadien promettait d'acquérir.

La complainte des industriels québécois se chante malheureusement sur les mêmes harmoniques qu'ailleurs. Le Québec est la terre d'accueil de 4 des 125 plus grands marchands d'armes au monde, selon l'*International Defence Review* de 1990. Tous ces marchands ont une place de choix dans la nouvelle stratégie de développement économique du gouvernement du Québec, fondée sur la théorie des grappes industrielles [8].

SPAR Aerospace et *Bombardier/Canadair* se classent respectivement 121ᵉ et 107ᵉ sur la liste des « marchands de canons » publiée par l'*International Defence Review.* Ces deux compagnies sont identifiées par le ministre québécois de l'Industrie, du Commerce et de la Technologie, Gérald Tremblay, avec *Bell Hélicoptère* et *Pratt & Whitney,* comme les maîtres d'œuvre de cette grappe de l'aérospatiale. *CAE*

---

8. Les grappes industrielles : il s'agit d'élaborer des politiques sectorielles en identifiant plusieurs industries connexes formant une grappe.

Industries Inc., 55ᵉ au palmarès des grands marchands mondiaux d'engins de mort, est rattachée, dans la stratégie des grappes, à *Héroux, Marconi* et *Dowty* comme fabricants d'équipement ou de sous-ensembles. Selon le ministère, des sous-traitants et des PME de toutes les régions du Québec forment le réseau de fournisseurs de ces géants.

Les fiches techniques fournies par le ministère confirment que les gouvernements sont très largement impliqués, tant politiquement que financièrement, dans l'activité économique de cette grappe, étant donné son caractère stratégique pour la relance économique du Québec.

Lorsque Robert Bourrassa ne parle pas de barrages hydro-électriques et d'alumineries, il parle d'aérospatiale : terme qui, surtout au Québec, s'apparente à « industrie militaire ». Dans ce domaine, il y a tout de même plus de 50 pour 100 des budgets de recherche et de développement qui proviennent de fonds militaires et la proportion du militaire dans la production croît dans toutes les usines. Si l'on ajoute qu'une grande partie des missions spatiales ont un caractère militaire et que le bras spatial canadien sert principalement à recueillir des engins et des débris de satellites militaires, la situation est encore plus préoccupante.

En 1986, le ministère de l'Industrie et du Commerce québécois, dans ses efforts de promotion en Europe, affichait fièrement 2 milliards de dollars comme montant des ventes des produits militaires québécois. Si on compare aux 600 millions de 1980, l'augmentation est considérable. Même si 7 des 20 plus gros contractants en matériel militaire du Canada sont situés au Québec[9], nos gouvernements successifs considèrent toujours que nous ne

9. *The Ploughshares Monitor,* Conrad Grebel College, décembre 1991.

retirons pas notre juste part des contrats du gouverne-ment fédéral pour la production d'armement. On se rappellera les lamentations pour obtenir les contrats des frégates et des sous-marins nucléaires, les contrats d'entretien des chasseurs F-18, le « lobby » au fédéral pour obtenir une part des budgets de recherche associés à l'IDS, etc.

La majorité des entreprises québécoises de haute technologie sont en compétition pour l'obtention des lucratifs contrats du Pentagone. L'existence du DPSA permet l'accès à certains champs d'activité importants. Les données compilées par la Corporation commerciale canadienne démontrent que les deux tiers de toute la production militaire canadienne sont le fruit de contrats accordés par le gouvernement américain. Parce que l'organisme ne divulgue pas les chiffres concernant les sous-contrats exécutés par des entreprises canadiennes et qui proviennent des contractants du Pentagone, il est difficile d'évaluer l'étendue de l'emprise du Pentagone sur l'industrie militaire québécoise. On sait pourtant que des 20 plus importantes entreprises militaires du Canada, 7 sont situées dans la région de Montréal. Quatre d'entre elles se rangent parmi les 25 principaux contractants canadiens du Pentagone.

Qu'il s'agisse d'armes nucléaires ou conventionnelles importe peu aux industriels et plusieurs industries québécoises ont su tirer leur épingle du jeu en coopérant avec les fabricants américains d'armes nucléaires. En tête du peloton des industries montréalaises qui fabriquent des composantes de systèmes d'armes nucléaires se trouve *Marconi Canada*. Cette compagnie fabrique, en plus des composantes du système NAVSTAR, des radars de surface pour les sous-marins *Trident*. Ce sous-marin à propulsion nucléaire est considéré comme l'arme la plus puissante et la plus dangereuse jamais déployée sur la planète. Chacun de ses 24 tubes lance-missile peut lancer un missile *Trident* II D5, porteur de 8 à 12 ogives nucléaires d'une puissance variant entre 100 et 500 kilotonnes [10], ce qui veut dire que chacun de ces sous-marins porte une capacité explosive de 1280 à 9600 fois plus grande que la bombe larguée sur Hiroshima. Prenant position dans les eaux de l'Arctique, près des côtes d'un pays aussi vaste que l'était la défunte Union soviétique, un seul sous-marin Trident aurait pu facilement anéantir instantanément toutes les grandes villes de ce pays. La compagnie *MIL Vickers* fabriquait, il y a quelques années, des pièces de la coque et les tubes lance-torpilles de ce sous-marin.

On sait aussi que d'autres entreprises montréalaises fabriquent des composantes d'armes à capacité nucléaire. Trois d'entre elles travaillent pour les avions américains F-15 *Eagle* : *Alcan* fabrique des lingots pour le recouvrement des ailes ; *Canadair Ltd,* certaines parties indéterminées et *Héroux Inc.,* des composantes pour les trains d'atterrissage. Ces avions peuvent transporter des bombes nucléaires et des missiles air-sol. Quant à *Marconi* et *Bendix Avelex Inc.,* elles fabriquent des composantes du chasseur F-16 *Falcon,* pouvant transporter jusqu'à 5 bombes nucléaires. *Marconi* travaille aussi sur des composantes destinées aux avions suivants : le F-18 *Hornet,* versions A, B, C, D ; le F-111, versions A, D, E, F ; le FB-111 ; le P-3 *Orion ;* le P-7A, de même que les hélicoptères *Seahawk.* Enfin, d'autres entreprises montréalaises participent à ce genre d'activités, entre autres, *Cerecast Inc.* et *CAE Electronics Ltd* [11].

---

10. Kilotonne : unité de mesure de la puissance explosive des armes nucléaire. Une kilotonne équivaut à la puissance explosive de 1000 tonnes de dynamite.

11. *The Ploughshares Monitor,* mars 1990, pp. 19 et ss.

Il y a aussi les contributions au développement de la navette spatiale qui doivent être considérées dans la production militaire. Selon l'*Institut de recherche pour la paix* de Stockholm, les missions militaires de la navette comprennent « des transports de systèmes de communication, des missions de reconnaissance, le positionnement de satellites de chasse et de destruction, des expériences sur la destruction de satellites ennemis avec des armes au laser et d'autres armes à radiation [12] ». L'utilisation de l'espace dans le cadre d'une stratégie nucléaire est d'un avantage certain pour les militaires. Grâce à l'espace, on peut envisager « des systèmes de communication et de contrôle plus efficaces pour les armes navales et aériennes, une augmentation de la précision des missiles par les systèmes de positionnement, une meilleure connaissance des territoires ennemis et ainsi, l'établissement des tracés de vol des missiles guidés [13] ».

La compagnie *Canadian Marconi,* le meneur mondial dans le domaine des systèmes de navigation, a mis au point le *NAVSTAR Global Position System,* un système en série de 18 satellites dont le rôle est d'assurer la surveillance et la communication sur toute la planète. Bien qu'il ait quelque utilité pacifique, ce système de satellites a pour fonction principale d'augmenter la précision des missiles nucléaires à trajectoire balistique positionnés en mer, leur donnant ainsi leur capacité offensive. *Marconi* en fabrique les terminaux et des récepteurs. L'ancien ministre de la Défense, Jean-Jacques Blais, a confirmé que son ministère a fourni

---

12. Regehr & Rosemblum, *Canada and the Nuclear Arms Race,* James Lorimer & Co., Toronto, 1993, p. 117. (Trad. de l'auteur).

13. *Ibid.,* p. 116.

plus de 6 millions de dollars pour le développement de cette technologie dont l'acquisition pourrait coûter au-delà de 50 millions [14]. Cette catégorie de systèmes de positionnement rend plausible une agression nucléaire capable d'anéantir la puissance de feu d'un ennemi. Elle ne renforce en rien le pouvoir de dissuasion des armes sur lesquelles elle est installée.

Il est facile de conclure que le Québec, et surtout la grande région de Montréal, participe pleinement au grand ensemble militaro-industriel nord-américain et ce, au détriment de son équilibre économique. En 1989, les professeurs Bélanger et Fournier, de l'Université du Québec à Montréal, ont étudié l'effet des dépenses militaires sur l'économie québécoise ; voici la conclusion de leur analyse :

« L'examen de la production militaire au Québec et de sa contribution au développement économique permet de poser les constats suivants :

– Cette industrie attire des entreprises qui éprouvent de la difficulté à soutenir la concurrence des marchés commerciaux ;

– La gestion actuelle des budgets alimente les déséquilibres régionaux au détriment du Québec ;

– La contribution technologique des projets militaires est de plus en plus réduite au plan civil ;

– Plusieurs secteurs situés au centre de la structure industrielle québécoise sont fortement dépendants de la production militaire ;

---

14. Simon Rosemblum, *Misguided Missiles,* James Lorimier & Co., Publishers, Toronto, 1985, p. 145.

– La dynamique économique [...] contraint les entreprises du Québec à la spécialisation et [...] alimente la dépendance technologique et commerciale à l'endroit du complexe militaro-industriel américain.

« La production militaire finit donc par devenir un instrument de dépendance, de déséquilibre régional et d'incompétence industrielle. Or, il est inquiétant de penser qu'elle sert de politique industrielle dans certains secteurs névralgiques de l'industrie manufacturière québécoise [15]. »

Faiblesse de l'économie militaire

Cette analyse du contexte québécois confirme les études faites aux États-Unis. Il est vrai que certains économistes soutiennent que les dépenses militaires stimulent l'économie et servent de soupape à la surproduction. Ils parlent des retombées des développements militaires, soulignant l'effet multiplicateur des investissements et de ces dépenses comme catalyseur de la recherche favorisant le progrès technologique. Pourtant, d'autres économistes de renom tels que Ruth Léger-Sivard, Seymour Melman, Mary Kaldor et J. K. Galbraith démontrent clairement que plus les dépenses militaires augmentent, moins l'économie d'un pays est productive.

Sur neuf pays industriels qu'elle a étudiés, Ruth Léger-Sivard constate qu'il y a un rapport inversement proportionnel entre les dépenses militaires et la productivité industrielle. Aux extrémités : le Japon, avec les plus faibles dépenses militaires et le meilleur rendement de productivité industrielle au monde, et les États-Unis, avec les plus

---

15. Yves Bélanger et Pierre Fournier, *op. cit.,* p. 117.

fortes dépenses militaires et le taux de productivité le plus faible dans le monde occidental [16]. De son côté, le prestigieux *Massachusetts Institute of Technology* publiait, en 1989, un rapport sur la compétitivité industrielle américaine. L'Institut identifiait le poids des priorités militaires de l'État comme l'une des raisons de la chute de la compétitivité américaine [17].

Pour J.K. Galbraith, les prétendues retombées pacifiques des activités militaires tiennent plus du mythe que de la réalité. Selon lui, plus de recherche/développement pourrait avoir lieu grâce à des investissements directs dans la production pacifique, ce qui éviterait aussi les coûts élevés, mais inévitables de l'adaptation de la technologie militaire aux autres secteurs de production. La militarisation de l'économie est un choix politique qui répond aux intérêts privés d'individus au sein des gouvernements et de chefs d'entreprises qui ne cherchent que des profits rapides [18].

Un autre économiste, Lloyd J. Dumas, affirme que la production militaire ne contribue en rien à l'amélioration du niveau de vie et à l'accroissement des stocks de ressources naturelles de base, des biens de consommation et du capital [19]. Par contre, les salaires élevés des travailleurs de l'in-

---

16. Ruth Léger-Sivard, « World Military and Social Expenditures », *World Priorities,* Washington, 1991, 14e édition, p. 27.

17. Arié Zaks, *Diversification et reconversion de l'industrie d'armements,* GRIP, Bruxelles, dossier n° 165, janvier 1992.

18. J. K. Galbraith, « The Economics of the Arms Race and After », in *Bulletin of Atomic Scientists,* juin-juillet 1981, pp. 13 à 16.

19. Lloyd J. Dumas, « Military Spending and Economic Decay », in Joseph Fahey & Richard Armstrong, *A Peace Reader : Essential Readings on War, Justice, Nonviolence and World Order,* Paulist Press, New-York, 1987, pp. 41 à 65.

dustrie militaire font augmenter la demande des biens de consommation, provoquant des poussées inflationnistes dans la région où elle s'implante. De plus, l'industrie militaire s'accapare les savants et sape la capacité d'innovation technologique, entraînant la stagnation de la production et la décroissance de la compétitivité internationale d'un pays. Le rythme des inventions et des innovations dans le domaine des biens de consommation est paralysé par l'absence de ressources financières, ce qui neutralise la productivité économique de la région. Le résultat en est une production locale inefficace et l'inondation du marché par des biens de consommation importés.

La propagande des entreprises militaires pour gagner la sympathie des communautés locales est malhonnête. Le nombre d'emplois qu'on prétend pouvoir créer est toujours surestimé. Le rapport des Nations Unies sur le désarmement et le développement, paru en 1978, indique que, dollar pour dollar, le secteur militaire est le moins performant pour ce qui est de la création d'emplois.

Les défenseurs des dépenses militaires, s'ils parlent souvent de création d'emplois, ne s'aventurent jamais sur le terrain glissant du rendement en emplois créés par les investissements militaires. L'utilisation d'une matière première très dispendieuse (alliages de métaux rares qui servent presque exclusivement à des fins militaires), les coûteuses mesures de sécurité nécessaires pour protéger les installations et les informations, le haut degré d'automatisation des installations de production que nécessite la technologie de pointe, la grande spécialisation requise des travailleurs et les nombreuses spécifications de la Défense qui doivent être respectées sont autant de facteurs qui font que les emplois créés par les dépenses militaires coûtent extrêmement cher et sont très peu nombreux.

Il y a quelques années déjà, le *Bureau of Labor Statistics* des États-Unis établissait le rapport suivant entre l'investissement de chaque milliard de dollars et la création d'emplois aux USA :

Éducation :	182 299
Santé :	138 939
Construction :	100 072
Transport en commun :	92 071
Militaire :	75 710

Les aptitudes et les compétences requises pour combler les emplois offerts par les entreprises militaires, en général, ne correspondent pas à celles des travailleurs disponibles dans la région où veut s'implanter l'entreprise. On fait donc appel à une main-d'œuvre spécialisée qui vient de l'extérieur de la communauté ou bien on demande aux pouvoirs publics régionaux de mettre sur pied des plans de formation répondant aux besoins de l'entreprise. La communauté retire généralement donc peu de bénéfices des emplois créés par les entreprises de production militaire. De plus, quand l'entreprise ferme, ses travailleurs sont difficilement transférables à d'autres secteurs de l'économie.

Souvent, les entreprises qui reçoivent les gros contrats sont des filiales de multinationales dotées d'une grande flexibilité lorsqu'il s'agit de déménager leurs opérations. Parce que le marché militaire est sujet à des fluctuations importantes selon l'existence ou non de conflits et à cause d'une conjoncture politique difficilement prévisible, la flexibilité et la mobilité des opérations sont deux caractéristiques importantes de ces entreprises. La communauté où s'installe une telle entreprise devient donc dépendante de l'injection continue de capitaux provenant des gouvernements, ce qui donne à l'entreprise une importance économique qui fait pression sur les élus et lui permet de faire un certain chantage pour obtenir des exemptions fiscales, des subventions de recherche et de développement et une foule d'autres privilèges.

Lorsque les entreprises voient leurs contrats expirer sans reconduction, les usines ferment ou déménagent, ce qui entraîne d'importantes variations dans le nombre des travailleurs de la région. La présence d'un grand nombre de travailleurs au salaire élevé a pu provoquer des poussées inflationnistes locales et une surévaluation municipale des propriétés.

L'industrie militaire peut être considérée comme un parasite des fonds publics. Le DPSA avec les États-Unis ne doit pas être vu comme une forme de libre échange commercial, car il repose sur le gaspillage des fonds publics et il régit le flot des échanges commerciaux entre le Canada et les États-Unis en vue d'en arriver à un équilibre de la balance des paiements. Cette entente ne crée pas de richesse au Québec. Pour les pouvoirs publics, l'exportation vers des pays autres que les États-Unis devient donc le seul débouché susceptible de rentabiliser les dépenses militaires. Si les fonds investis dans les technologies de destruction étaient placés dans d'autres secteurs, ils favoriseraient une meilleure répartition régionale des fonds publics tout en permettant le renouvellement de nos infrastructures désuètes. Actuellement, des secteurs vitaux de l'économie québécoise et canadienne, tels la foresterie, les pêcheries et l'agriculture [20],

---

20. Voir les publications du Conseil des Sciences du Canada :
   - *La Forêt canadienne en danger,* mars 1983 ;
   - *Énergie renouvelable : innovation à l'œuvre,* 1984 ;
   - *Water : the Potential for Demand and Management,* juin 1988 ; et le rapport préliminaire sur le développement viable de l'agriculture, 1992.

régressent au point de mettre en péril la sécurité de nos approvisionnements en matières premières et alimentaires, en situation de crise. Il nous semble justifié de soulever un doute quant aux préoccupations du « club des bien nantis » pour notre sécurité nationale.

Peu importe le discours officiel de nos politiciens et leurs déclarations d'intentions, la réalité de l'industrie militaire québécoise est là. Montréal, zone libre d'armes nucléaires (ZLAN), cela reste un vœu pieux, vide de sens. L'absence de perspective et de courage de nos dirigeants politiques saute aux yeux. Le vide de la politique de développement régional et les tendances militaristes des politiciens québécois ne laissent présager rien de différent pour le développement industriel de l'avenir.

CHAPITRE 3

Un mythe persistant : la vierge nucléaire

Tant que la profession militaire tolère les armements nucléaires, elle trahit la société qui met sa confiance en elle. En regardant ma carrière passée, j'aurais aimé faire partie d'une organisation qui aurait pris la menace nucléaire plus au sérieux et qui aurait fait plus d'efforts pour la faire disparaître et j'aurais souhaité qu'on subordonne nos intérêts personnels au bien du pays et qu'on ait été plus responsable relativement aux politiques de défense du gouvernement.

Général Léonard V. JOHNSON
Conférence, Collège militaire Royal de Saint-Jean,
mi-avril 1987

COMME LE DIT Gwynne Dyer, spécialiste des questions militaires au journal *The Montreal Gazette*, le Canada se permet de jouer à la « vierge nucléaire » dans les pourparlers multilatéraux sur le contrôle des armements [1].

Le Canada n'est pas une puissance nucléaire et bien que les membres de l'armée canadienne en poste en Europe aient été dotés d'armes nucléaires tactiques, ils y ont renoncé à la

---

1. « Nuclear virgin not so clean after all », *The Montreal Gazette*, 23 février 1985.

fin des années 1970. La mise au rancart des missiles nucléaires air-air Génie a été beaucoup plus longue. Ils n'ont
été retournés au Commandement de l'armée de l'air américaine qu'en juillet 1984. Apparemment donc, le Canada
n'aurait plus rien à voir avec les armes nucléaires, depuis
1985. Cependant, dans le cas d'une hypothétique guerre
avec l'Union soviétique, le scénario prévoyait que des flottes
de bombardiers B-52, armés de douzaines de missiles de
croisière munis d'ogives nucléaires, survoleraient le territoire canadien pour attaquer l'URSS ou pour riposter. De
plus, la véritable position d'un pays sur la question nucléaire
doit tenir compte d'un autre aspect que nous devons analy-
ser maintenant.

Le Canada, producteur d'uranium

Le Canada est l'un des plus importants producteurs d'uranium au monde. Au cours de la Seconde Guerre mondiale,
le pays s'est associé aux travaux de recherche et de mise au
point de la bombe atomique, en fournissant notamment de
l'uranium produit à Port Radium, dans les Territoires du
Nord-Ouest, pour la fabrication d'armes atomiques [...].
Pendant 20 ans, il a fourni à la Grande-Bretagne et aux États-
Unis les réserves d'uranium et de plutonium dont ces pays
avaient besoin pour mener à bien leurs programmes d'armement. En 1965, le premier ministre Lester B. Pearson a
modifié l'orientation de cette politique d'exportation en an-
nonçant que, désormais, l'utilisation de l'uranium canadien
serait limité à des applications strictement pacifiques. En vertu
du Traité de non-prolifération des armes atomiques (TNP),
entré en vigueur en 1970, les États signataires non dotés d'armes nucléaires se sont engagés à accepter toutes les mesures
de sécurité imposées par l'*Agence internationale de l'énergie
atomique* (AIÉA) et à ne fabriquer aucune arme atomique.
Quant aux États dotés d'armes nucléaires, ils convenaient
de coopérer, dans toute la mesure du possible, avec les États

non nucléaires pour promouvoir les utilisations pacifiques de l'énergie nucléaire et pour mettre un terme à la prolifération verticale. Le Canada a signé le TNP, sans cesser pour autant de vendre de l'uranium aux pays non signataires [2].

Devant le développement des armes nucléaires, les Canadiens font montre d'indignation et d'un sentiment généralisé d'impuissance : « Nous n'y pouvons rien, le Canada n'est qu'un pion sur l'échiquier mondial ». Et s'il en était autrement ? Essayons de voir un peu plus clairement le rôle que joue le Canada dans la production mondiale des armes nucléaires.

L'industrie de la bombe

Les premiers pas du Canada sur les chemins de l'uranium se sont faits pendant la Seconde Guerre mondiale, dans un laboratoire ultra-secret de l'Université de Montréal, grâce à des fonds fédéraux. Les recherches du groupe multidisciplinaire de savants, dirigé par le professeur Hans Halban, consistaient, d'après Bertrand Goldschmidt [3], à « réaliser le plus rapidement possible la réaction en chaîne dans le système uranium naturel/graphite », à « vérifier si cette réaction serait, comme on l'espérait, facile à contrôler » et à « essayer de mettre au point une méthode chimique d'extraction du plutonium susceptible d'être traduite à l'échelle industrielle ». Le groupe remplit son mandat et trouva la méthode la plus efficace pour produire

---

2. Institut canadien pour la paix et la sécurité, *Introduction aux politiques canadiennes relatives à la limitation des armements, au désarmement, à la défense et à la solution des conflits,* édition 1985-1986, p. 99.

3. *Pionnier de l'atome,* Éditions Stock, Paris, 1987, p. 186.

du plutonium à partir de l'uranium appauvri [4]. Le seul et unique but de ces recherches, à ce moment-là, était de produire des bombes atomiques. Le procédé spécial développé demandait l'utilisation de l'eau lourde [5], un procédé qui caractérisera dorénavant la technologie nucléaire canadienne.

Dès 1944, le site de Chalk River, en Ontario, a été choisi pour essayer le procédé développé à l'Université de Montréal. Les principales caractéristiques des centrales canadiennes CANDU étaient en place. Une décision militaire américaine démarra le processus de construction du réacteur nucléaire à l'eau lourde de Chalk River qui fut mis en marche en 1947. Ce réacteur, ancêtre de tous les réacteurs canadiens, se classifia rapidement comme étant le meilleur producteur de plutonium au monde pour l'industrie militaire, malgré deux accidents nucléaires très sérieux, en 1950 et en 1958.

Pendant vingt ans, le réacteur de Chalk River se financera grâce à l'exportation de son plutonium pour le programme d'armement britannique. Les savants de plusieurs pays ont développé leurs connaissances de la séparation du plutonium sur ce site de prédilection.

Au cours de la Seconde Guerre mondiale, le Canada a dépensé plus d'argent pour le programme de recherche sur la bombe atomique que pour tous les autres domaines de recherche combinés au pays. À la fin de la guerre, les ressources humaines et matérielles impliquées étaient donc

---

4. Uranium appauvri : l'uranium qui reste lorsque l'uranium 235 utilisable dans les réacteurs commerciaux a été extrait de la matière brute.

5. Eau lourde : eau dans laquelle les atomes d'hydrogène sont remplacés par du deutérium, un proche parent de l'hydrogène.

considérables ; par conséquent, il n'est pas étonnant de voir qu'Ottawa se lance alors dans la recherche d'utilisations « pacifiques » de cette technologie. Par contre, il est renversant de constater que, depuis les années 1940, près de 19 milliards de dollars des fonds publics (évaluation en dollars de 1990) ont été engloutis dans cette industrie. Du budget alloué à la recherche, l'industrie nucléaire réussit encore aujourd'hui à soutirer plus de fonds que tous les autres domaines de recherche sur les autres options énergétiques réunis.

Pour alimenter l'usine de Chalk River et répondre à la demande américaine, qui venait de lancer le projet Manhattan [6], le gouvernement canadien procéda, en 1944, à la nationalisation de la compagnie *Eldorado Gold Mines Ltd,* propriétaire de la seule usine d'uranium au Canada. Comme l'explique Ronald Babin, « le rachat d'*Eldorado* s'est fait en vertu de la *Loi sur les mesures de guerre* et une société de la Couronne a aussitôt été créée sous le nom d'*Eldorado Nuclear Ltd* dans l'intention de prendre la direction des opérations. Son rôle s'est étendu ensuite au raffinage du minerai d'uranium ainsi qu'à la production du combustible nucléaire et des gaines de zirconium [7]. »

Sans uranium, il n'y aurait pas de bombes atomiques sur la planète. Ce n'est pas la seule utilisation de l'uranium, mais c'est la principale.

À compter de la moitié des années 1950, et durant 25 ans, les États-Unis furent les principaux producteurs d'ura-

---

6. C'est le nom de code du projet secret lancé par les États-Unis, au cours de la Seconde Guerre mondiale, afin de mettre au point les premières bombes atomiques. Ce projet, gigantesque mobilisation techno-scientifique, employa près de 640 000 personnes.

7. *L'option nucléaire,* Boréal Express, 1984, p. 52.

nium au monde, le Canada se contentant du premier rang pour les exportations mondiales de ce minerai. Pendant toutes ces années, les exportations canadiennes étaient principalement destinées aux arsenaux nucléaires américains et anglais. L'uranium canadien n'a pas servi uniquement à faire des bombes atomiques. Des bombes à hydrogène, bombes beaucoup plus puissantes utilisant comme amorce le plutonium et l'uranium, ont été conçues grâce à l'uranium canadien.

En 1972, afin de protéger le prix de l'uranium sur un marché en déclin et ce, en dépit de la *Loi antitrusts,* le Canada participera, avec certaines corporations multinationales et d'autres gouvernements, à l'établissement d'un cartel de l'uranium. Le Canada, sous le gouvernement Trudeau, a été un des acteurs principaux de la formation de ce cartel, fruit d'une étroite collaboration entre l'Afrique du Sud, l'Australie, la France et le conglomérat britannique *Rio Tinto Zinc.* Le cartel a été démantelé en 1975 ; depuis, le cours de l'uranium sur les marchés mondiaux n'a cessé de dégringoler, atteignant son plus bas niveau au début des années 1990.

Depuis le début des années 1980, le Canada est devenu le premier producteur mondial d'uranium et conserve le titre du plus grand exportateur. La découverte en surface de gisements extrêmement riches dans le nord de la Saskatchewan en est la principale raison.

On s'attendrait à ce que le Canada soit particulièrement sévère quant aux critères d'utilisation d'une ressource d'une telle importance pour l'avenir de l'humanité. La vigilance du Canada s'appuie principalement sur le TNP qui repose presque entièrement sur la bonne volonté des pays signataires. Au cas de détournement de cette matière fissible à des fins militaires, c'est aux États signataires à prendre des mesures contre le pays fautif. Le Canada a joué un rôle fondamental dans le développement de cette entente internationale qui encourage la diffusion des « technologies nucléaires pacifiques », mais prétend en proscrire l'usage à des fins militaires. Le Canada se veut l'ardent défenseur de ce traité ; cependant, il vend tout l'uranium qu'il peut aux pays signataires, même s'ils sont engagés dans un programme de production d'armements nucléaires, comme c'est le cas pour les États-Unis et la Grande-Bretagne. Le Canada s'en lave les mains en affirmant qu'il est impossible de distinguer entre les particules d'uranium provenant du Canada et celles provenant des mines du pays-client. Il est donc, bien sûr, impossible de savoir si l'uranium canadien sert à faire des bombes. On doit se contenter de demander à ces clients de démontrer, à l'aide de leurs registres, qu'ils ont au moins utilisé à des fins pacifiques une quantité d'uranium équivalente à celle qu'on leur a fournie.

Le Canada désire tellement rester en tête du peloton des exportateurs d'uranium qu'il vend même son uranium à des pays qui n'ont pas signé le fameux TNP comme l'Afrique du Sud et l'Argentine. La France, qui n'a pas non plus signé ce traité et qui est ouvertement engagée dans un imposant programme d'armement nucléaire, reste une cliente privilégiée. Mieux encore, le gouvernement canadien a accepté que la mine de Cluff Lake, en Saskatchewan, appartienne pour 80 pour 100 à *Amok Limitée,* une filiale du consortium français *Amok* qui, à son tour, appartient pour 30 pour 100 au *Commissariat français à l'Énergie Atomique,* l'organisme gouvernemental responsable des programmes d'expérimentation et de développement de l'armement atomique en France.

Il est particulièrement intéressant de comparer les rapports des années 1960 et ceux des années 1970 de l'AEÉN de l'OCDE [8] sur l'état de l'offre et de la demande d'uranium. On constate que depuis 1965, date où le Canada a développé sa politique de vente d'uranium à des fins pacifiques, la demande mondiale d'uranium pour des fins militaires a complètement disparu. Dans tous les pays producteurs, l'uranium n'est extrait qu'à des fins pacifiques. Dès lors, il devient impossible de trouver un fournisseur, privé ou public, qui vende de l'uranium à des fins militaires. Pourtant, la production d'armes atomiques n'a pas cessé.

Plus de 85 pour 100 de l'uranium canadien est exporté. Jusqu'à la fin des années 1980, l'uranium était presque toujours acheminé vers une usine d'enrichissement en Union soviétique ou aux États-Unis avant d'arriver chez les acheteurs. Pour sept unités d'uranium qui entrent dans une usine d'enrichissement, peu importe leur provenance, moins d'une unité n'en ressort sous forme de combustible utilisable dans des réacteurs. Les six autres unités se retrouvent sous forme de résidu, appelé uranium appauvri, qui n'a à peu près aucun usage pacifique.

Dans les réacteurs nucléaires militaires des États-Unis, l'uranium appauvri est la matière par excellence pour produire du plutonium. L'uranium appauvri est aussi utilisé

---

8. OCDE : Organisation pour la coopération et le développement économique. Née de la convention signée à Paris, le 14 décembre 1960, l'OCDE est composée d'une majorité de pays européens auxquels se sont joints le Japon, l'Australie, le Canada et les USA. Ce sont les pays industrialisés qui surveillent leurs intérêts. Une des agences de l'OCDE est l'*Agence européenne de l'énergie nucléaire* (AEÉN), à ne pas confondre avec l'AIÉA ou ÉACL, dont on retrouvera les définitions au glossaire.

comme composante métallique des bombes. Grâce à cet élément, la puissance explosive de chaque ogive est doublée.

L'industrie militaire américaine ne fait aucune différence entre l'uranium appauvri provenant du Canada et celui d'ailleurs. L'uranium, un des éléments chimiques les plus denses, peut aussi servir d'armure pour des véhicules blindés, de pointes pour les obus ou de poids d'équilibrage pour les avions et les missiles.

D'un point de vue purement économique, l'exploitation de l'uranium pose des problèmes tels que toutes les mines américaines ont été fermées depuis quelques années. Les millions de tonnes de pierre concassée laissés comme résidu émettent des substances radioactives dans l'eau et dans l'air. Le *Wall Street Journal* les a qualifiés de bombes à retardement économiques et écologiques [9]. Personne ne peut évaluer le coût de décontamination des sites ni celui d'un système sécuritaire d'élimination de ces déchets radioactifs. Leur radioactivité durera pendant des dizaines de milliers d'années. Qu'est-ce qui pousse le gouvernement canadien à continuer l'exploitation de ses mines à l'encontre du bon sens et malgré les règles d'éthique internationale qu'il s'est lui-même données ? Les justifications mises de l'avant par le gouvernement pour expliquer ses énormes investissements dans l'exploration et l'exploitation minières, ainsi que dans le raffinage et l'exportation de l'uranium se bornent à des considérations d'intérêt pécuniaire. Pourtant, le prix de l'uranium sur le marché mondial n'a jamais été aussi bas. Cette justification est insuffisante et même mensongère.

---

9. William E Blundell, *Nuclear Mess : Uranium Mill Wastes Piled High in West Poses Clean up Issues*, vol. 207, n° 38, 25 février 1986.

Il y a beaucoup plus que de simples engagements commerciaux derrière la politique nucléaire canadienne. Il y a, depuis la dernière guerre mondiale, un très grand intérêt pour les pouvoirs politiques canadiens à faire partie de la secte restreinte des décideurs nucléaires. La possession de la plus considérable réserve mondiale d'uranium, une matière stratégique de première importance, est un privilège accordé par Dame Nature aux politiciens canadiens. C'est ce qui a permis au Canada d'avoir son mot à dire dans les plus grands enjeux militaires du siècle. Le fait d'alimenter en uranium les grands (États-Unis, Angleterre et, plus récemment, la France), depuis la dernière guerre mondiale, a propulsé les hommes politiques canadiens dans les hautes sphères de la diplomatie mondiale. La résolution canadienne d'utiliser la « science de l'atome » à des fins exclusivement pacifiques, annoncée par le premier ministre Pearson, en 1967, a fourni un écran de fumée aux diplomates canadiens leur permettant de sauver la face tout en laissant le pays continuer la braderie de l'uranium.

C'est peut-être pour cette raison qu'on tolère que l'apport financier du Canada aux alliances militaires internationales soit aussi modéré. Après tout, il fait plus que sa part. Avec 20 pour 100 des réserves mondiales d'uranium et l'incertitude qui règne quant aux approvisionnements provenant du Zaïre, de l'Australie et d'autres sources, le Canada demeurera encore longtemps le plus important et le plus sûr fournisseur d'uranium des puissances de l'OTAN.

Le CANDU, une usine de plutonium

Le programme de développement du CANDU a vu le jour dans le cadre de l'effort allié pour produire du plutonium, pendant la Seconde Guerre mondiale, comme le rappelle ÉACL :

Le résultat civil de cette recherche [de] temps de guerre est la conception, la construction et l'opération d'une série de réacteurs modérés à l'eau lourde établissant *Énergie Atomique du Canada Limitée* (ÉACL) comme l'autorité mondiale de la connaissance scientifique et technique dans ce domaine [10].

Au cours de l'exploitation commerciale des réacteurs CANDU, l'absorption par l'uranium naturel des neutrons issus de la fission de l'atome produit une quantité importante de nouvelle matière fissible, en grande partie du plutonium, qui peut être extraite par un nouveau traitement chimique. Ceci revient à dire que le système des réacteurs CANDU est le meilleur producteur de plutonium au monde. Cette particularité a rendu service à l'industrie nucléaire pendant de nombreuses années.

Revenons un peu à Chalk River où le premier réacteur de recherche canadien a démarré en 1947. Pour aider à financer le fonctionnement de ce réacteur, le Canada vendait d'importantes quantités de déchets radioactifs aux laboratoires militaires américains. Matière extrêmement dangereuse qui ne se trouve pas dans la nature, le plutonium, comme l'uranium résiduel enrichi, pouvait, dans les gigantesques usines militaires américaines de retraitement, être extrait des déchets canadiens et utilisé par l'industrie militaire américaine. Cette pratique a été courante pendant au moins vingt ans. Pendant tout ce temps, des camions transportant des conteneurs de 22 tonnes remplis de combustible nucléaire usé partaient du réacteur de recherche de Chalk River, en Ontario, pour se rendre aux installations militaires de Savannah River, en Caroline du Sud. Dans ces installations, l'uranium hautement enrichi, résidu de

---

10. Énergie Atomique du Canada Ltée, *Développement et performance des réacteurs de puissance CANDU,* Ottawa, avril 1981, p. 1.

ces déchets, était récupéré et utilisé pour produire du plutonium et du tritium. Ces produits servaient ensuite à fabriquer des armes atomiques.

Les porte-parole d'ÉACL ont toujours nié que le combustible usé ait été utilisé à des fins militaires. Ils prétendaient que l'uranium ainsi récupéré était ré-enrichi et réutilisé pour des fins pacifiques. Cependant, F. Charles Gilbert, sous-secrétaire adjoint aux matériaux nucléaires, dans son témoignage du 2 mars 1983 devant un sous-comité du Congrès américain, a confirmé que l'uranium enrichi récupéré à Savannah River était bel et bien utilisé pour produire du plutonium et du tritium destinés aux bombes à hydrogène.

Aujourd'hui encore, beaucoup de pays font séparer ailleurs ou séparent dans leur propre usine de retraitement le plutonium de leurs déchets nucléaires. Les deux raisons invoquées pour ce choix sont, d'une part, la réduction du danger pour l'environnement — le plutonium étant une substance toxique qui peut être recyclée en combustible pour les réacteurs nucléaires — et la rentabilité de l'opération. Ces deux explications ne tiennent pas : l'extraction du plutonium est un processus énergivore, extrêmement dangereux et qui augmente le volume des déchets radioactifs en les diluant. Le processus coûte très cher et ne peut absolument pas se justifier en termes économiques. La seule raison valable pour retraiter les déchets nucléaires dans le contexte actuel est le désir de fabriquer des armes nucléaires.

Comment peut-on alors se fier aux propos des gens responsables de cette industrie ? Les experts d'ÉACL étudient, depuis 1989, dans un laboratoire de recherche de la région du Lac du Bonnet, en Alberta, la façon de se défaire des déchets hautement radioactifs sortant des centrales nucléaires. On cherche des sites d'enfouissement permanent. La quantité de déchets à éliminer est de 17 700 tonnes, ce qui occupe un volume équivalent à ce que peut contenir une piscine olympique. Pourquoi, dans ce cas, planifie-t-on des infrastructures plus grandes qu'un terrain de football et pouvant être agrandies ? Au rythme où vont les choses, l'industrie nucléaire ne devrait pas prendre beaucoup d'expansion. Mais les experts sont peut être les dépositaires de quelque secret ? Service après vente à nos clients désireux de se défaire des dangereux déchets nucléaires que fabriquent les CANDU ou préparation en vue de fabriquer du plutonium après l'épuisement des stocks d'uranium ?

L'uranium est une matière première qui ne se renouvelle pas, mais le plutonium nécessaire aux armes atomiques est présent en très grande concentration dans les déchets nucléaires des CANDU. Déjà, en 1983, ÉACL affirmait : « nous avons toujours eu l'intention de faire suivre notre programme CANDU de base d'un cycle du combustible perfectionné. Le problème qui se posera dans l'avenir semble être l'assurance des approvisionnements en uranium [...]. Le seul moyen de garantir à nos clients des approvisionnements sûrs en uranium est de perfectionner notre technologie afin que le CANDU fonctionne efficacement à partir d'autres cycles de conservation de l'uranium [11]. »

Dix ans plus tard, et devant la montée du souci de l'environnement, ce sont là des choses qui ne se disent plus, car ces « autres cycles de conservation de l'uranium » impliquent des opérations chimiques très complexes qui ont pour effet, entre autres, de multiplier le volume des déchets

---

11. Énergie Atomique du Canada Ltée, *Aspects,* Automne-hiver 1983, p. 30.

nucléaires. Mais nous sommes peut-être en train d'installer, dans le plus grand secret, les infrastructures permettant de réaliser l'intention exprimée en 1983.

Le recyclage du tritium

Le tritium est le plus lourd des proches parents de l'hydrogène. C'est une particule radioactive produite en quantité importante lors de l'opération normale des centrales nucléaires canadiennes ; elle est extraite de l'eau lourde utilisée comme liquide refroidissant et comme modérateur de la réaction nucléaire dans les réacteurs. Le tritium est actuellement une denrée rare sur le marché mondial. Les pays qui désirent s'en procurer offrent le gros prix. Voilà un contexte des plus stimulants pour qu'ÉACL prenne d'assaut un nouveau marché et augmente les revenus d'exportation de l'industrie nucléaire.

Ce produit radioactif dangereux est le principal polluant direct émis par les centrales nucléaires canadiennes. Prenant prétexte de la pollution par le tritium et du danger qu'elle représente, *Hydro-Ontario* a décidé d'investir 100 millions de dollars dans la construction d'une usine destinée à la récupération du tritium de l'eau lourde contaminée par son passage dans le réacteur. La *Tritium Recovery Facility*, usine qui commence ses opérations en 1988, est située près du complexe nucléaire de Darlington, à 30 milles à l'est de Toronto. L'eau lourde contaminée passe dorénavant dans cette usine ; le tritium en est extrait et on le remplace par du deutérium non radioactif : un simple procédé chimique. Les résultats officiels de l'opération ? Moins de pollution et un nouveau produit commercial.

Voyons maintenant le revers de la médaille. Le tritium, sur le marché mondial, était produit jusqu'à récemment par des usines militaires appartenant aux puissances nucléaires. Les États-Unis en étaient le principal fournisseur, dans le monde occidental. Les quantités de tritium nécessaires pour des fins pacifiques sont minimes : 200 à 500 grammes par année sont utilisés dans le monde entier dans des domaines aussi variés que l'agriculture, la construction et la médecine. Le reste de la production est employé par les militaires. La quantité requise dans ce secteur atteint approximativement 11 kilos. Ce tritium sert principalement à la fabrication de nouvelles bombes à hydrogène ou au renouvellement du très volatil contenu en tritium des bombes à fusion déjà fabriquées. Le tritium, qui était déjà rare autrefois, est devenu introuvable depuis la fermeture des réacteurs militaires qui le produisaient. En effet, en août 1988, la direction américaine de l'énergie a interdit le redémarrage de cinq réacteurs en Caroline du Sud. De même, deux des réacteurs de l'usine de Savannah River furent condamnés. Le 8 octobre 1988, c'était le tour du réacteur de Boulder, au Colorado, de devoir fermer ses portes. Dans tous les cas, il y avait eu plusieurs accidents sérieux, tenus secrets pendant de nombreuses années.

Pour *Hydro-Ontario,* c'est un coup de maître. L'entreprise économise énormément en équipements de sécurité dans ses réacteurs grâce à l'extraction du tritium produit par ses centrales nucléaires. Le tritium purifié et mélangé à une poudre de métal est ensuite vendu au prix de 29 millions de dollars le kilogramme, sur un marché déserté par le plus grand fournisseur au monde.

Le Canada, vendeur d'usines de bombes à rabais

Les réacteurs CANDU ont cette caractéristique unique qu'il n'est pas nécessaire de les arrêter pour décharger ou recharger une grappe de combustible : on peut le faire quand besoin est. Les réacteurs américains, eux, doivent être arrêtés complètement pour qu'on puisse les recharger, opération effectuée à peu près une fois l'an. On peut en déduire qu'avec les « petites usines à plutonium » canadiennes, il est plus facile de récupérer discrètement le plutonium produit au moment où il a atteint la qualité optimale pour la fabrication d'une arme atomique. Cette opération peut se faire en toute quiétude, lorsque les inspecteurs de l'AIÉA sont absents. Les inspecteurs se contenteront des registres d'entrée du combustible et de sortie des déchets pour vérifier l'application du TNP.

Dans les centrales nucléaires canadiennes, ÉACL a reconnu le danger et a mis au point différents appareils de surveillance — un système de télévision à circuit fermé, un compteur automatique de grappes de combustible, des plombs de sécurité pour sceller les plateaux contenant les grappes de combustible et un instrument qui mesure les rayons ultraviolets émis par le combustible irradié — qui ont été mis à la disposition des inspecteurs de l'AIÉA.

Avec un équipement de l'importance stratégique du CANDU, on s'attendrait à ce que le Canada soit particulièrement prudent dans le choix des pays à qui le vendre. On peut dire qu'en effet, le Canada a été tout à fait sélectif dans le choix de sa clientèle : tous les États auxquels il a vendu des réacteurs nucléaires (exception faite de l'Inde) étaient, au moment de la signature des contrats, dirigés par des régimes totalitaires ! Voyons en détail où en est rendue la dissémination des réacteurs CANDU.

L'Inde

En 1956, le Canada a vendu, sans restrictions spéciales, un premier réacteur à l'Inde, un pays qui refuse de signer le TNP. On sait dans quelle atmosphère d'extrême violence s'est faite la partition de l'Inde et on connaît le climat de confrontation qui continue à caractériser ses relations avec le Pakistan. Comme l'a constaté le ministère des Affaires extérieures du Canada, « Ce réacteur [le CIRUS] était fourni sous réserve qu'il ne servirait qu'à des fins pacifiques [...]. Le 18 mai 1974, l'Inde faisait exploser un dispositif nucléaire, déclarant qu'il s'agissait d'une explosion nucléaire « pacifique » [...]. Plus tard, l'Inde a reconnu que le plutonium utilisé pour fabriquer l'engin explosif avait été produit dans le réacteur CIRUS [...] [12]. »

Malgré l'explosion nucléaire « pacifique » dans le désert du Rajasthan, l'Inde n'aurait pas accepté d'offrir plus de garanties au Canada pour bénéficier des ventes qui suivirent celle du CIRUS. L'Inde s'est munie de deux usines de retraitement des déchets nucléaires qui lui permettent de produire d'importantes quantités de plutonium. L'Inde a aussi acquis la technologie nécessaire pour enrichir l'uranium. Selon les experts indiens, d'ici l'an 2000, l'Inde aura accumulé plus de plutonium que la Chine. Cette capacité de production lui permet de fabriquer plus de quinze armes nucléaires par année. L'Inde reste le plus farouche adversaire du TNP qu'elle considère comme étant discriminatoire.

---

12. Ministère des Affaires extérieures du Canada, *La politique canadienne de non-prolifération nucléaire,* 1985, pp. 2 et 3.

Le Pakistan

En 1959, moins de dix ans après la déchirante partition de l'Inde, le Pakistan achète d'ÉACL un réacteur de type KANUPP. Le réacteur de recherche entre en opération en 1972. Le Pakistan, qui n'a pas non plus signé le TNP, n'a épargné aucun effort pour développer sa capacité de production d'armes nucléaires. Il a tenté d'acheter de la France une énorme usine de retraitement des déchets nucléaires permettant la séparation du plutonium des déchets irradiés. Il en a été dissuadé par les États-Unis en 1976, mais trop tard, car la compagnie française avait déjà transféré au Pakistan 95 pour 100 des informations nécessaires à la construction de l'installation.

Après le coup d'État dirigé par le général Zia ul-Haq en 1977, la technologie canadienne est tombée entre les mains d'un régime intégriste répressif qui, jusqu'en 1988, fera des pieds et des mains pour acquérir l'arme atomique [13]. Le Pakistan possède maintenant toutes les installations nécessaires pour produire de l'uranium hautement enrichi servant à la production d'armes atomiques. Son usine d'enrichissement n'est pas assujettie aux garanties internationales et peut produire assez de matière fissile pour fabriquer jusqu'à quatre armes atomiques par année.

Depuis longtemps, on soupçonnait le Pakistan d'avoir déjà conçu des armes atomiques quand, en février 1992, le secrétaire aux Affaires étrangères du Pakistan, Shahryar Khan, a confirmé devant l'Assemblée générale des

---

13. Les rapports d'*Amnistie internationale* pour la première moitié de la décennie 1980-1990 rapportent la pratique courante de jugements et d'exécutions sommaires, de flagellations, d'amputations, de torture et de répression systématique des partis d'opposition, pendant le régime du général Zia ul-Haq.

Nations Unies que son pays était capable d'assembler des engins nucléaires [14].

Selon des membres crédibles de l'opposition iranienne, il existerait aussi un pacte d'assistance mutuelle entre l'Iran et le Pakistan. L'Iran devrait investir 5 milliards de dollars dans certaines infrastructures nucléaires pakistanaises et participer à un programme conjoint pour fabriquer de l'uranium enrichi.

L'Argentine

Grâce au Canada, l'Argentine a acquis un savoir-faire considérable dans la construction d'installations nucléaires. L'Argentine, qui dénonce aussi le TNP comme étant discriminatoire, a conclu des accords de coopération et des contrats d'exportation nucléaire avec plusieurs autres États.

En 1974, le Canada a vendu un réacteur à l'Argentine. C'était quatre ans après que l'Argentine, avec l'aide des Allemands, eut mis en opération, dans la ville de Ezeiza, une installation pour le retraitement du combustible irradié et la récupération du plutonium. L'Argentine opère aussi une usine d'enrichissement d'uranium par diffusion gazeuse qui enrichit l'uranium de 20 pour 100, bien que tous les réacteurs du pays fonctionnent à l'uranium naturel ou faiblement enrichi. L'*Institut international de recherche pour la paix* de Stockholm affirme que près de 200 kilogrammes de déchets ont pu être retraités entre 1969 et 1972 : suffisamment pour produire plusieurs bombes atomiques.

Le coup d'État de 1976, qui imposera trois dictatures militaires successives aux Argentins, ne modifiera en rien les relations commerciales cordiales entre ÉACL et les dirigeants argentins. Malgré de nombreuses preuves que les

---

14. *The Washington Post,* 7 février 1992.

militaires étaient déterminés à développer leur propre programme de fabrication d'armes nucléaires et malgré leurs
dénonciations virulentes du fameux TNP, la construction
des réacteurs et le transfert du savoir-faire nucléaire canadien ont continué. Une autre usine de retraitement, non
soumise aux garanties internationales, conçue pour séparer 15 kilogrammes de plutonium par année, était en construction en 1989.

En février 1992, l'inspecteur canadien de l'AIÉA, John
Jennekens, à l'issue d'une visite de six jours en Iran, affirmait en conférence de presse qu'il n'avait trouvé aucune
preuve que l'Iran ne respecterait pas ses engagements envers le TNP. (L'Iran est soupçonné depuis longtemps de
faire des pieds et des mains pour acquérir l'arme nucléaire).
Dans la même semaine, à Téhéran, une équipe argentine
de techniciens nucléaires formée grâce au transfert de la
technologie CANDU s'est fait saisir une cargaison de
matériel nucléaire spécialisé évaluée à 18 millions de dollars. La cargaison a été confisquée à cause de l'intervention des États-Unis qui jugeaient que ce transfert d'équipement contrevenait aux clauses du TNP.

La Corée du Sud

Lors de l'inauguration de la centrale *Wolsung I,* le 22
avril 1983, l'homme fort du régime militaire de la Corée
du Sud, le général Chun Doo Hwan, a remercié le Canada
de sa précieuse collaboration pour le développement de la
puissance électrique du pays. Le général est le dictateur qui
gouverne ce pays depuis la Seconde Guerre mondiale. La
Corée, annexée par le Japon pendant 35 ans, fut divisée le
long du 38e parallèle par les alliés victorieux. Cette frontière artificielle fut contestée et la guerre entre la Corée du
Nord « communiste » et la Corée du Sud « démocratique »
fit rage pendant trois ans. À la fin du conflit, en 1953, sauf

pour de légères modifications, cette frontière fut rétablie au même endroit. Elle reste toujours une dangereuse source de conflit entre les deux États.

Fait assez préoccupant pour les Canadiens, la Corée du Nord, l'ennemi de notre partenaire commercial, est l'objet de soupçons concernant le respect de ses obligations comme signataire du TNP. Elle a été accusée de construire secrètement une usine de retraitement du combustible nucléaire irradié près d'un réacteur de recherche produisant du plutonium. Plusieurs analystes prévoient que la Corée du Sud ne manquera pas de réagir à cette situation.

Une étude de l'Université de Séoul, parue en 1980, désigne la région sud du pays, où le réacteur de conception canadienne est construit, comme particulièrement vulnérable aux tremblements de terre. Les trois millions de Coréens qui vivent à l'intérieur d'un rayon de 60 km du réacteur n'ont certainement pas eu grand chose à dire au sujet de la réalisation de ce projet. Le partenaire commercial d'ÉACL, le général Chun Doo Hwan, doit maintenant comparaître devant le nouveau parlement militaire coréen pour répondre à de nombreuses accusations de corruption et de répression brutale des mouvements d'opposition tout au long de son régime [15].

Au début de l'année 1991, ÉACL annonce avec joie, après neuf années de disette, la vente d'un second réacteur nucléaire à la Corée du Sud, le réacteur *Wolsung II*. La situation des droits de la personne, en Corée du Sud, ne s'est guère améliorée depuis l'avènement du nouveau

---

15. Les rapports d'*Amnistie internationale* de 1990 et 1991 décrivent de nombreux cas de répression de partis politiques et de mouvements syndicaux, d'exécutions, de mauvais traitements de prisonniers et de détention de prisonniers d'opinion.

régime militaire du président Roh Ta Woo, mais pour les technocrates d'ÉACL, il ne semble pas que ce détail soit pertinent.

Au cours de l'été 1991, le ministre de la Défense de la Corée du Sud, Lee Jong Koo, a menacé de recourir à une action militaire préventive contre les installations nucléaires de la Corée du Nord. Un « Livre blanc » sud-coréen portant sur la sécurité, publié en octobre 1991, déclarait sans équivoque que « le programme d'armements nucléaires nord-coréen doit être arrêté à tout prix ». Tout cela n'a pas empêché la vente de deux autres réacteurs à la Corée du Sud, en 1992. *La Presse* du 19 septembre 1992 s'est alors contentée de titrer « La vente de deux CANDU générera des retombées de 125 millions au Québec ». Après tout, pourquoi s'en faire ? Le personnel canadien travaillant en Corée du Sud bénéficie d'un plan d'urgence lui permettant de quitter promptement, par la voie des airs, les installations nucléaires, en cas de péril.

La Roumanie

Même le tristement célèbre régime du dictateur roumain, Nicolae Ceaucescu, a bénéficié du transfert du savoir-faire canadien en matière nucléaire. La Roumanie est engagée depuis 1979 dans un ambitieux programme de développement de l'énergie nucléaire. L'objectif d'ÉACL est de faciliter à ses clients le développement d'une industrie nucléaire autonome. La technologie nucléaire CANDU a été conçue afin de permettre le transfert d'une complète autonomie nucléaire. Ceci rend la technologie canadienne particulièrement attrayante pour les pays acheteurs, embêtés par les arrogants vendeurs et leurs restrictions « discriminatoires ». Ces consommateurs désirent couper rapidement le cordon ombilical avec le pays vendeur pour tenter de s'emparer d'une portion du marché mondial des programmes nucléaires. La filière canadienne a été conçue spécifiquement de façon à utiliser des composantes pouvant être fabriquées par des fournisseurs d'équipement conventionnel, ce qui plaît aux pays technologiquement moins avancés. L'entente de transfert de technologie prévoit que la Roumanie versera des redevances à ÉACL pour les 15 premiers réacteurs construits. L'industrie roumaine manifeste déjà son désir de conclure des ententes coopératives de vente de technologie nucléaire avec d'autres pays.

La coopération canado-roumaine en matière de technologie nucléaire passera à l'histoire : c'est, à ce jour, le plus gros contrat d'exportation de technologie nucléaire jamais effectué. Une centrale de cinq réacteurs est en construction à Cernavoda, sur la rive du Danube, à 50 km de la mer Noire. On y construit trois réacteurs CANDU d'une puissance de 630 mégawatts, au coût d'environ 1 milliard de dollars l'unité. Les deux autres réacteurs sont au stade de la planification et le contrat inclut la possibilité de construire 15 autres installations sur d'autres sites. La Roumanie évalue que l'énergie nucléaire lui fournira 22,5 pour 100 de son électricité dans l'avenir.

En 1985, lors de la visite de Ceaucescu à la centrale québécoise de Gentilly (malgré les protestations de la communauté roumaine canadienne), le ministre d'État aux mines, Robert Layton, qui accompagnait le président roumain déclara que cette visite avait pour seul but « d'exposer le « know how » industriel canadien [16] ». Le dictateur roumain a pu négocier, avec la *Corporation canadienne de développement des exportations,* un crédit de plus de 1 milliard de dollars. Dans le cadre du programme CANDU de réciprocité commerciale, le Canada offre une

---

16. *The Globe and Mail,* 18 avril 1985.

forme particulière de troc où des marchandises agricoles et d'autres produits de fabrication roumaine pourront être écoulés sur le marché canadien. Même le ministre canadien de l'Énergie a admis, en mai 1990, que la population roumaine a été réduite à la famine à cause de l'exportation de denrées alimentaires servant à payer au Canada cette dette nucléaire.

En 1988 et 1989, Ceaucescu et ses militaires ont menacé la Hongrie de représailles nucléaires. En avril 1989, quelques mois avant sa mort, Ceaucescu déclarait qu'il avait acquis la technologie pour produire l'arme atomique. Que cette déclaration s'avère vraie ou fausse, le Canada, par la voix du ministre Jake Epp, en 1991, dans un autre élan de générosité envers la population roumaine qui se plaint toujours de ce que certains des compagnons de Ceaucescu sont encore au pouvoir, révélait qu'il s'apprêtait à accorder un crédit de 285 millions de dollars américains pour une période de trois à quatre ans, afin de compléter la construction de la centrale nucléaire de Cernavoda [17].

Fait important à noter, déjà en 1989, on apprenait que et l'Argentine, et la Corée du Sud, et la Roumanie avaient commencé les recherches pour développer ces fameux « autres cycles » avancés de récupération du plutonium dans les déchets de leurs CANDU [18].

---

17. *La Presse,* 24 août 1991.

18. Énergie Atomique du Canada Ltée, *Aspects,* 1989, vol. 7, n°. 2, pp. 5 à 9.

La dissémination du nucléaire

Jusqu'en 1990, six pays faisaient officiellement partie du club sélect des puissances militaires munies d'armes nucléaires : les États-Unis, la France, l'Union soviétique, le Royaume-Uni, la Chine et l'Inde. On est bien fondé de croire qu'au cours de la dernière décennie, trois autres pays ont fabriqué et fait exploser une arme nucléaire : Israël, l'Afrique du Sud et le Pakistan. Trois autres pays ont réuni toutes les technologies nécessaires et y travaillent certainement : la Corée du Sud, l'Argentine et Taïwan. Il est à noter que toutes ces puissances nucléaires et quasi-nucléaires, à l'exception de la Chine, sont de proches collaborateurs du Canada dans la filière nucléaire. Certains achètent de l'uranium canadien, d'autres le raffinent ou nous envoient leur uranium pour le faire raffiner. Enfin, on peut croire qu'une douzaine d'autres pays pourront rapidement accéder au statut de puissance nucléaire d'ici la fin du siècle.

Ce n'est pas tout. Après la déclaration d'indépendance de la Lettonie, le 4 mai 1990, toutes les républiques soviétiques en ont fait autant. La dissolution de l'Union soviétique et la formation de la Communauté des États Indépendants (CEI) font que plusieurs de ces nouveaux États revendiquent des droits sur les énormes quantités d'équipement militaire et sur les armes nucléaires se trouvant sur leur territoire. En conséquence, le club des puissances nucléaires s'est dramatiquement élargi depuis la création de la CEI. Dorénavant, nous aurons plus d'une quinzaine de puissances nucléaires, dont plusieurs sont susceptibles, à cause des tensions avec des États voisins, de vouloir conserver et même développer leur autonomie énergétique et leur puissance militaire. Ces pays devront tenter de rendre fonctionnels ces équipements ou de les rentabiliser. Essayeront-ils, eux aussi, de s'insérer dans le marché très compétitif de la quincaillerie nucléaire ? De vendre leurs connaissances et leur technologie au premier dictateur venu tout comme le Canada se croit forcé de le faire ? Ce processus est peut-être déjà commencé. Le sous-directeur de l'*Institut de l'énergie atomique Kourtchatov* de Moscou a fait savoir, en 1992, que 120 spécialistes soviétiques avaient travaillé au centre nucléaire de Tajoura, en Libye, et que l'*Institut* a déjà collaboré avec l'Égypte, le Vietnam et Cuba en plus de travailler à des programmes de coopération avec la Syrie et le Maroc [19].

Pour illustrer les dangers que fait peser sur l'avenir de la planète l'instabilité qui règne dans cette région du monde, rappelons-nous que, lors du coup d'État d'août 1991, en Union Soviétique, les auteurs du coup ont détenu pendant trois jours la mallette du président soviétique qui contenait les codes secrets pour le lancement des missiles nucléaires [20]. Dix mille engins nucléaires, dont une faible portion, quatre cents seulement, suffisent pour tuer plus de cent millions de personnes, étaient entre les mains d'une poignée d'hommes qualifiés par Gorbatchev d'aventuriers.

L'*Agence France Presse* a aussi rapporté, au cours de l'été 1992, que « l'Iran possède maintenant au moins deux ogives nucléaires provenant du Kazakhstan [...] ; ces ogives seraient deux de celles qui ont disparu de la base de Semipalatinsk, fermée au début de l'année par le président Noursoultan Nazarbaev » ; elles seraient entre les mains de Reza Amrollahi, directeur de l'organisation iranienne pour l'énergie atomique. Les services secrets français et allemands croient que c'est le président Nazarbaev

---

19. *Agence France Presse,* communiqué du 24 janvier 1992.

20. Révélations faites par le député russe Vladimir Lyssenko et rapportées dans le *Washington Post* du 23 août 1991.

lui-même qui aurait autorisé ce transfert en échange de pétrole et de devises fortes.

Certains seraient tentés de se rassurer en plaçant leur confiance dans les institutions internationales destinées au contrôle des armes nucléaires. Il faut savoir que l'AIÉA, chargée de vérifier l'exécution des obligations encourues par les parties signataires du TNP de 1968, est composée de membres du puissant lobby international de l'industrie nucléaire. Son mandat est conflictuel : d'un côté, promouvoir l'industrie nucléaire commerciale, et, de l'autre, garantir l'utilisation « pacifique » de ces technologies. Les inspecteurs sont censés déceler tous les cas où des quantités « significatives » de matières nucléaires seraient détournées de leurs fins pacifiques vers la fabrication de dispositifs explosifs nucléaires.

L'AIÉA compte 20 inspecteurs qui devaient, selon le rapport de 1988, inspecter 920 installations nucléaires dans 57 États soumis aux garanties internationales. Tous les inspecteurs sont issus de l'industrie nucléaire. L'évaluation qu'ils font ne peut être qu'approximative à cause de l'incertitude inhérente aux quantités des matériaux. On parle de 10,9 tonnes de plutonium séparé, 254 tonnes de plutonium contenu dans le combustible irradié, 13,1 tonnes d'uranium hautement enrichi et 31 704 tonnes d'uranium faiblement enrichi devant être inspectées. Les rapports de ces inspecteurs sont remis aux gouvernements des pays sous surveillance et les inspecteurs n'ont aucun pouvoir de coercition. Pour couronner le tout, il suffit d'un avis de 90 jours pour permettre qu'un gouvernement signataire se retire du traité. Il n'est pas surprenant que tant de pays aient accepté de signer un traité aussi peu contraignant.

Voici quelques commentaires préoccupants d'un ancien inspecteur canadien, Al Rose, chargé des inspections en Europe de l'Ouest, en Inde et au Japon. Les propos de

M. Rose illustrent le contexte dans lequel se font les inspections de l'agence internationale :

> Les gouvernements protègent jalousement leur souveraineté, et l'inspecteur étranger, par définition, s'immisce dans les affaires de l'État. [...] En définitive, l'inspecteur qui a le moins d'ennuis avec l'industrie nucléaire est celui qui connaît son métier, exécute son travail rapidement et quitte les lieux le plus vite possible. [...] L'efficacité de la vérification repose sur la collaboration étroite entre le personnel de l'AEIA et celui de l'installation inspectée [21].

Faut-il s'étonner de ce qu'aucun détournement des matières soumises aux garanties internationales n'ait jamais été rapporté ? Le TNP, qui sert de caution morale à l'industrie nucléaire commerciale, est valable jusqu'en 1995.

Intimement liée au danger de la prolifération des armes atomiques se retrouve l'accessibilité du missile de croisière, moyen de transport éminemment adaptable, au coût relativement peu élevé. Le seul obstacle à l'utilisation efficace, n'importe où au monde, de la menace des armes atomiques, était l'absence d'un moyen de transport rapide, compact et accessible. Le missile de croisière a fait ses preuves aux yeux du monde entier lors de la guerre du Golfe persique et son existence rendra désuet le TNP à plus ou moins brève échéance. Le Canada, ce grand défenseur du TNP, a contribué à la mise au point de son plus efficace adversaire. Puisque le véhicule deviendra éventuellement disponible, personne n'est plus à l'abri de la menace nucléaire, nulle part au monde.

---

21. Énergie Atomique du Canada Ltée, *op. cit.*, pp. 12 et 13.

La fusion nucléaire,
le « flirt » avec la guerre des étoiles

Le 9 novembre 1991, les savants réussissent une première fusion thermonucléaire contrôlée [22] dans le réacteur expérimental européen installé à Culham en Grande-Bretagne. Deux mégawatts d'énergie sont produits pendant deux secondes grâce à la fusion de particules cousines de l'hydrogène, le tritium et le deutérium. Il n'en faut pas plus pour emballer la communauté scientifique, surtout les chercheurs en physique nucléaire. Le *Centre canadien de fusion magnétique,* dirigé par *Hydro-Québec* et situé dans les locaux de l'*Institut de recherche électrique du Québec* (IREQ) à Varennes, a fait des expériences dans l'espoir de développer un jour un nouvel engin, le *Tokamak.* Un prototype expérimental, copié sur un modèle soviétique, dont on évaluait le coût à 20 millions de dollars avant la construction, est finalement entré en opération en mars 1987, après en avoir coûté 50 millions. Le financement en est assuré par des subventions du gouvernement du Canada et par *Hydro-Québec.* Ce programme coûterait annuellement 20 millions de dollars.

Un *Tokamak,* pour atteindre la capacité de fusion continue, devrait consommer plusieurs dizaines de millions de watts de puissance électrique ; il engendrerait en retour des milliards de watts. L'évaluation du coût de la construction d'un premier réacteur d'essai se chiffre à près de 5 milliards de dollars.

---

22. La réaction nucléaire en chaîne de la fusion est contrôlée dans les réacteurs expérimentaux à fusion. Lorsqu'on produit cette même réaction dans une bombe à hydrogène, la réaction est laissée à elle-même et produit des déflagrations équivalant à des millions de tonnes de dynamite.

Le nouvel engouement pour les technologies reliées à la fusion nucléaire correspond très étroitement aux intérêts de l'industrie militaire. Les technologies laser et les expériences de fusion, qui constituent le fondement théorique et technique sur lequel repose l'hypothèse des réacteurs commerciaux à fusion, nous viennent des laboratoires militaires. La plupart des laboratoires impliqués dans la recherche sur la « fusion commerciale » travaillent sur une technologie similaire à celle que requiert la mise en place de l'IDS, qui se métamorphose rapidement en *Global Position System* depuis la guerre du Golfe persique. Des laboratoires américains subventionnés par le Pentagone sont les principaux partenaires des laboratoires de fusion un peu partout dans le monde, donc aussi de ceux de l'*Institut de recherche électrique du Québec* à Varennes.

L'industrie nucléaire : un engagement militaire

Existe-t-il vraiment une industrie nucléaire pacifique ? La question semble plus que légitime. Jusqu'ici, le Canada a joué un rôle déterminant dans la course aux armements nucléaires et dans la prolifération des armes atomiques sur le globe. De plus, le Canada a contribué dans toute la mesure de ses capacités au développement de la puissance militaire occidentale. Quel autre pays membre de l'OTAN peut prétendre être une source plus importante de la puissance de feu occidentale ? Les diplomates et les militaires qui représentent le gouvernement canadien au sein des alliances militaires et aux tables de négociation sur le contrôle des armements peuvent marcher la tête haute. Ils peuvent surtout, à l'insu de la majorité de leurs concitoyens, fournir l'assurance qu'ils font tout leur possible pour renforcer la puissance d'intimidation nucléaire occidentale. Les contribuables canadiens, quant à eux, devraient sans doute s'interroger sur les coûts à long terme de ce genre de développement. Les coûts politiques, écologiques, économiques et sociaux d'une telle industrie sont énormes. Peut-on sérieusement croire que, d'une telle industrie, peuvent émerger une véritable démocratie, un système politique honnête, une véritable justice sociale et le bien-être de la population ?

Le Canada ne mérite pas cette image de « vierge nucléaire » qu'il affiche dans les forums internationaux, s'offusquant de la position des autres pays sur les armes nucléaires. Le Canada prend une part active aux efforts de développement de l'utilisation du nucléaire dans le monde. Tout porte à croire que cette implication se fait sous la pression américaine. Il est concevable que les dirigeants américains soient prêts à tous les risques pour garder leur immense pouvoir. Les dirigeants canadiens sont-ils prêts, eux, à continuer à jouer à la roulette russe avec l'avenir de l'humanité pour bénéficier d'une prétendue protection nucléaire ? Le contexte international actuel nous donne l'occasion de répondre à ces interrogations et de réorienter la politique militaire canadienne. Nous devrions en profiter...

CHAPITRE 4

Au fait, combien ça nous coûte ?

« SI VOUS vous fiez aux déclarations successives des discours sur le budget fédéral, vous avez l'impression que les dépenses militaires canadiennes se promènent sur des montagnes russes, ces cinq dernières années. Le *Livre blanc sur la défense* promettait d'importantes augmentations du budget, les ministres des Finances ont tenté de donner au public une image bien différente. En 1988, il devait y avoir une augmentation de 860 millions de dollars, en 1989, une coupure de 2,7 milliards, en 1990, des coupures modestes de 658 millions, en 1991, une augmentation « limitée » à 600 millions compte tenu de la guerre du Golfe et, en 1992, des coupures de 2,2 milliards. »

THE PLOUGHSHARE MONITOR
vol. III, nº 1, mars 1992 [1]

OUBLIEZ tous ces chiffres, ils ne reflètent en rien la réalité. Les dépenses militaires canadiennes ont augmenté de façon continue depuis 1987, passant de 10,6 à 12,4 milliards de dollars pour l'année 1992-1993. Au Canada, comme presque partout ailleurs, les dépenses militaires ont connu un taux de croissance supérieur à celui des re-

---

1. Traduction de l'auteur.

venus fiscaux jusqu'en 1985, pour continuer à augmenter de façon plus modeste, mais ininterrompue jusqu'à maintenant. Les dépenses militaires sont, de toute évidence, un facteur important de l'énorme déficit que traîne le Canada.

Les dépenses militaires directes

L'organisme *Conscience Canada*[2] évalue annuellement les dépenses militaires du Canada afin d'en déterminer le pourcentage par rapport au budget fédéral total. L'organisme ne limite pas son examen au budget du ministère de la Défense. Selon les informations reçues des Comptes publics du Canada, voici quelles étaient les dépenses réelles du gouvernement en matière de défense, pour l'année fiscale 1989-90 :

Ministère de la Défense nationale .... 11 582 850 111 $

Programme d'aide à la productivité de l'industrie de la défense .... 300 908 781 $

Énergie Atomique du Canada Ltée .... 218 000 000 $

Agence de sécurité et de renseignements .... 163 892 900 $

Defence Construction Ltd. .... 13 600 000 $

Corporation canadienne commerciale .... 17 089 050 $

Total des dépenses militaires .... 12 296 340 842 $
Total des dépenses fédérales .... 142 703 000 000 $

---

2. Organisme qui défend le droit à l'objection de conscience fiscale, c'est-à-dire au refus de payer la portion des impôts fédéraux normalement dévolue à l'activité militaire.

Comme on peut le constater, ces chiffres incluent les coûts de certaines agences et de certains programmes qui ne relèvent pas directement du ministère de la Défense, mais qui ont officiellement des activités reliées à l'activité militaire. Le budget de 1991-1992 est de 13,229 milliards de dollars, ce qui place le Canada au onzième rang mondial pour les dépenses militaires. Et il faut noter que le service de la dette accumulée par suite des dépenses encourues par le ministère de la Défense et les diverses agences qui soutiennent l'activité militaire ne figure pas dans cette évaluation. De plus, nombre d'autres ministères fournissent des services ou ont des activités qui pourraient très bien être attribuées au poste des dépenses militaires.

Les dépenses militaires indirectes

Le ministère des Approvisionnements et Services (MAS) [3] : voilà le ministère de loin le plus impliqué dans le soutien aux activités du ministère de la Défense. Ce ministère est chargé des acquisitions des biens et services pour tous les ministères du gouvernement fédéral. Le ministère de la Défense est en tête du peloton pour ce qui est du nombre et du montant des commandes. Le Vérificateur général du Canada nous donne une idée de l'ampleur des dépenses à ce titre :

> Pour maintenir la capacité opérationnelle des Forces canadiennes, tel que l'exige le gouvernement, [le MAS] gère le *Programme des services de défense,* un plan de quinze ans portant sur l'acquisition d'immeubles, qui comptait au moment de la vérification environ 550 grands projets d'immobilisation d'une

---

3. Le MAS a changé de nom en juin 1993. C'est maintenant le MSF : le ministère des Services fédéraux.

valeur de plus d'un million de dollars chacun, dont le coût total s'élèverait à quelques 63 milliards [4].

Le ministère de la Défense est de loin le plus gros ministère-client du MAS, les achats de la Défense comptant pour plus de la moitié des acquisitions totales du gouvernement fédéral. En 1986-1987, le MAS a attribué 8,8 milliards de dollars à l'achat de biens et services pour les différents ministères fédéraux ; 4,8 milliards ont servi à des commandes du ministère de la Défense. Si on considère qu'un montant supplémentaire de 1,1 milliard répondait à des commandes de la *Corporation commerciale* et du ministère de l'Expansion industrielle régionale, qui sont majoritairement voués aux intérêts des industries militaires, on ne risque pas de se tromper en avançant que plus de 60 pour 100 du budget du MAS doit être imputé aux dépenses militaires.

Le MAS administre aussi la *Corporation commerciale canadienne* qui s'occupe d'assister les industries d'exportation et dont les principales activités relèvent du domaine militaire. D'après les dirigeants de la corporation, 90 pour 100 des transactions avec les États-Unis, de 1980 à 1984, concernaient des biens militaires. Le MAS écoule aussi les stocks de matériel militaire « excédentaire » de la Défense nationale lorsqu'on sent le besoin de le renouveler, ce qui alimente les nombreux magasins de surplus de l'armée.

Le ministère de l'Industrie, de la Science et de la Technologie (MIST) : un autre ministère très impliqué dans la mise en œuvre des politiques de défense par sa collaboration avec l'entreprise privée est le MIST. Le MIST gère, entre autres, le *Programme de productivité de l'industrie de*

---

4. MAS, *Rapport du Vérificateur général du Canada, 1992,* art. 17.10, p. 461.

matériel de défense (PPIMD), qui a pour objectif de développer et de maintenir, dans tout le Canada, des industries canadiennes fortes œuvrant dans le domaine de la défense. Il distribue annuellement plusieurs centaines de millions de dollars aux entreprises de produits militaires.

Il faut aussi considérer qu'une très grande proportion des centaines de millions de dollars investis par le gouvernement canadien dans la recherche et le développement des technologies de pointe, par l'intermédiaire du MIST, du *Conseil national de la recherche* ou d'autres régies, sert à des programmes d'exportation de haute technologie aux États-Unis. Les contrats reliés à la production de technologies pour la navette spatiale et la station spatiale américaine ont raflé, au cours des dernières années, une grande partie des deniers publics de ces programmes. Il faut savoir que 50 pour 100 des missions effectuées par la navette spatiale *Challenger*, au début des années 1980, poursuivaient des objectifs militaires. L'armée américaine a toujours regardé la navette comme un outil indispensable, en priorité à sa disposition. Peut-on vraiment croire que la contribution canadienne au projet de la station américaine de recherche spatiale — on prévoit une somme de 1,2 milliard de dollars d'ici l'an 2000 — n'aura pas d'implications militaires ? Comment croire que le plan de dépenses de 3 milliards de dollars pour l'ensemble du programme spatial, soit le projet de la station spatiale, le système de télédétection-radar par satellite ainsi que la contribution au financement du système de télécommunication mobile par satellite, ne seront pas, en bout de ligne, un détournement de fonds publics, d'abord et avant tout au service du ministère de la Défense ?

Le ministère des Affaires extérieures (MAE) : le MAE investit beaucoup de ses ressources dans la représentation du Canada aux négociations internationales sur le contrôle de l'armement. Généralement, on s'y entend sur ce qui serait acceptable comme armement maximal. Rares sont les mesures de désarmement (réduction des armes) qui ne sont pas des renouvellements déguisés de stocks, des changements dans le positionnement des troupes ou des retraits pour inspection et mise à jour de systèmes d'armes. Les dépenses du MAE pour le contrôle des armements et le désarmement se rapportent donc davantage au contrôle qu'au désarmement.

Le MAE possède une direction qui s'occupe spécifiquement de coordonner les activités diplomatiques du Canada dans le cadre des ententes internationales comme l'OTAN et le NORAD.

Grâce au *Programme de développement des marchés d'exportation* (PDME), un grand nombre d'entreprises de production de matériel militaire reçoivent de l'aide pour participer à des événements de promotion dans divers pays. Ces subventions couvrent les coûts de transport du matériel et des représentants qui se rendent à des expositions de même que les coûts des kiosques et autres frais encourus lors de ces rencontres.

Le ministère de l'Énergie, des Mines et des Ressources (MEMR) : le MEMR est responsable de la plus grosse raffinerie d'uranium au monde, située à Port Hope, en Ontario. Cette raffinerie appartient au gouvernement fédéral. Grâce au MEMR, le Canada est le premier fournisseur d'uranium. Il exporte l'uranium sur une large échelle depuis la découverte de riches gisements miniers en Saskatchewan.

Il est curieux de constater que les activités reliées à l'industrie de l'uranium n'apparaissent pas comme poste de dépense distinct, dans les budgets du MEMR, pour l'année 1988-1989. Ces activités ne font pas partie du mandat d'ÉACL, qui affiche un déficit de 141 millions de dollars pour cette année financière. Le gouvernement du Canada est pourtant impliqué à toutes les étapes de cette industrie, depuis la prospection, la recherche et le développement, l'extraction du minerai et son exportation jusqu'à l'opération des centrales nucléaires et l'élimination permanente des déchets radioactifs. Comme l'industrie nucléaire est une activité servant à mousser le prestige et le pouvoir militaire du Canada, depuis la fin de la Seconde Guerre mondiale, une part importante du budget du MEMR devrait apparaître parmi les dépenses militaires.

Le ministère des Travaux publics (MTP) [5] : il ne faudrait pas non plus oublier le MTP, qui gère tous les contrats de location d'immeubles pour le ministère de la Défense. Cette gestion comprend les contrats de location, les contrats d'entretien, la planification de l'utilisation des espaces pour la plupart des centres de recrutement de l'armée et de plusieurs autres édifices administratifs, surtout concentrés dans la capitale nationale.

Les autres ministères : le ministère de l'Emploi et de l'Immigration, de qui relèvent les programmes de ressources humaines en situation de guerre, est responsable de l'élaboration de plans secrets pour identifier les individus pouvant servir de pivot dans la gestion des services à la population en cas de guerre. La *Gendarmerie royale du Canada* est responsable, entre autres, de l'évaluation de la vulnérabilité des infrastructures économiques du pays, en cas de guerre.

---

5. En juin 1993, le MTP a fait l'objet d'une fusion avec le MAS pour former le nouveau MSF.

La liste des ministères fournissant des services susceptibles d'être comptabilisés au chapitre des dépenses militaires pourrait certainement s'allonger : les services spécialisés aux vétérans, diverses études et expertises effectuées par des ministères spécialisés, *Communication Canada* et ses programmes d'appui aux technologies spatiales, *Transport Canada* qui achète des technologies servant à la Défense et lui donne accès à ses installations sans frais, etc.

La connivence politiciens-militaires

Une chose est certaine, les contribuables canadiens auraient tout avantage à demander des comptes au sujet des dépenses militaires canadiennes.

Ainsi, depuis 1989, le ministère de la Défense fait preuve d'une ardeur sans pareille pour empêcher le Vérificateur général de scruter l'information sur les déplacements des ministres qui se trouve dans les registres du *Service de transport aérien réservé aux personnalités officielles.* Cette ardeur témoigne de l'importance capitale du maintien de bonnes relations avec les députés de la Chambre des communes. Ce service de vols d'affaires dispose de huit avions *Challenger* qui fonctionnent toute l'année, sept jours par semaine et vingt-quatre heures par jour. Au besoin, d'autres avions peuvent être utilisés, entre autres un *Boeing 707.* Ce service peut être emprunté par les membres de la famille royale, le Gouverneur général, le Premier Ministre, les ex-premiers ministres accomplissant des tâches reliées à leurs anciennes fonctions, les membres du Cabinet, les dignitaires étrangers en visite au Canada, les membres des comités parlementaires et enfin, sur approbation du ministre, les délégations officielles et les cadres supérieurs de la fonction publique fédérale en service commandé. Le coût total de ce service n'est pas divulgué au Parlement. Selon les données limitées fournies par le ministère de la Défense, son coût pourrait se chiffrer à environ 5460 dollars l'heure, ce qui n'inclut pas le coût des services spéciaux commandés par tous ces dignitaires.

Les voyages en première classe sont sans doute inaccessibles à la grande majorité des Canadiens, mais leurs ministres exigent beaucoup plus. Entre les mois d'avril et septembre 1990, les plus fréquents utilisateurs des avions pour dignitaires du ministère de la Défense ont été : le premier ministre (25 voyages au coût de 296 528 dollars), Joe Clark (11 voyages à l'étranger : 436 192 dollars), Bill McKnight, alors ministre de la Défense, (15 voyages : 402 136 dollars). Les autres adeptes du vol de luxe étaient Bernard Valcourt (7 vols : 190 972 dollars) ; Tom Siddon (5 vols : 176 472 dollars) et Tom Hockin (6 vols : 150 672 dollars)... Le Vérificateur général, Kenneth Dye, soupçonne les ministères de sous-estimer les dépenses de voyage de leurs dignitaires de 10 millions de dollars par année [6].

Le service de santé de l'armée canadienne, au *Centre médical de la Défense nationale,* à Ottawa, offre aux dignitaires ci-haut mentionnés un service privilégié de santé dans ses installations ultramodernes [7]. En fait, 61 pour 100 des journées d'hospitalisation de ce centre, pour l'année 1987-1988, étaient consacrées à des patients non militaires, bien que les coûts d'hospitalisation y soient de 65 pour 100 plus

---

6. Fife & Warren, *A Capital Scandal,* Key Porter Books, Toronto, 1991, p. 86.

7. MAS, *Rapport du Vérificateur général du Canada à la Chambre des Communes, 1990,* art.23.25 et 23.27.

élevés que dans les hôpitaux provinciaux de même dimension, en Ontario.

L'imagination dont font preuve les politiciens pour élever des murs qui empêchent de voir clairement les dépenses militaires réelles et les enjeux liés à ces dépenses dépasse l'entendement. Le gouvernement du Canada se sert, comme nous l'avons vu, d'à peu près tous les ministères pour la défense du pays et ce, même en temps de paix. Le budget officiel du ministère de la Défense représente actuellement plus de 35 pour 100 du budget d'opération du gouvernement fédéral (transferts de paiements et service de la dette exclus). Si on ajoute les dépenses des autres ministères au budget officiel de la Défense, on peut vraisemblablement évaluer que près de 50 pour 100 des dépenses d'opération du fédéral servent au ministère de la Défense nationale.

Pas de changements en vue

La politique canadienne, autrefois axée sur le minimum suffisant des forces en présence et sur l'inévitable courte durée d'une confrontation militaire à l'ère nucléaire, se réoriente. À la fin des années 1980, elle a cédé la place à une théorie fondée sur l'insuffisance de la dissuasion nucléaire et sur la faiblesse de la disponibilité des ressources militaires en situation de guerre totale (nucléaire et conventionnelle) de longue durée. Le démantèlement du bloc de l'Est et l'expérience récente de la guerre éclair dans le Golfe persique provoquent un nouveau virage de la doctrine de la guerre. Une telle confusion dans les enjeux stratégiques mondiaux n'a pas fini d'affecter les contribuables. Chaque fois qu'un plan d'achat de nouveau matériel est décidé, dix années complètes peuvent s'écouler entre la commande et la livraison du produit fini. Ainsi, dans la situation qui prévaut depuis plusieurs années, les armes dont l'achat fut décidé à la suite de la parution du *Livre blanc sur la Défense,* en 1987, sont déjà désuètes avant leur livraison.

Selon les théoriciens de l'approche de la guerre totale, omniprésente au sein de l'OTAN, le seul effet dissuasif des armes nucléaires ne suffit pas à garantir la sécurité militaire. Les armes nucléaires ne permettent pas le développement d'une position défensive capable de répondre à des agressions limitées ni à l'instabilité politique. Les pays membres de l'OTAN doivent se munir d'équipements et d'infrastructures industrielles servant à produire la technologie militaire permettant de faire face à un conflit militaire conventionnel de longue durée. Les pays de l'OTAN devront être équipés pour pouvoir résister, voire repousser, une offensive sur n'importe quel front européen ou contre des installations névralgiques du système économique occidental. Cette théorie sert de justification au maintien d'une force militaire conventionnelle considérable et au maintien d'une capacité de production industrielle suffisante pour pallier à l'éventuelle faillite de la dissuasion nucléaire. L'évolution des pourparlers sur le contrôle des armements apportera certainement de l'eau au moulin des tenants de cette thèse. D'énormes investissements, auparavant nécessaires dans le nucléaire, sont maintenant disponibles pour la réorganisation des forces de l'OTAN en fonction du développement d'une capacité de réponse flexible, capacité qui s'adapte à des situations de crise diversifiées. Comme celle de la récente guerre du Golfe...

Le *Livre blanc sur la Défense,* produit par le ministère de la Défense en juin 1987, est un exemple révélateur de l'enthousiasme délirant du *Parti progressiste conservateur* pour cette thèse et sa mise en application afin de stimuler le développement économique régional. Avec Brian Mulroney, les États-Unis ont trouvé un gouvernement intéressé à devenir l'artisan d'une militarisation croissante de l'économie canadienne. L'harmonie frappante entre les objectifs du *Livre blanc* et l'Accord canado-américain sur le libre échange le confirme fort éloquemment. Tout au long du *Livre blanc,* on retrouve le principal objectif des politiques du Canada en matière de sécurité : intégrer les infrastructures industrielles canadiennes à la *North American Defence Industrial Base.* Les Américains étant, à toutes fins pratiques, les maîtres d'œuvre de la politique militaire occidentale de l'OTAN, et les militaires canadiens ayant fait leur deuil d'une politique de défense autonome, l'intégration complète de l'industrie canadienne est parfaitement logique.

Comme nous l'avons vu plus tôt, c'est en utilisant le DPSA — entente canado-américaine intervenue en 1959 — que le gouvernement canadien désire atteindre son objectif d'intégration de l'industrie militaire canadienne à la défense américaine.

Cette entente a permis au Canada, qui acceptait de supporter activement l'industrie de guerre, de faire une première percée dans le très protectionniste *Buy American Act*[8]. Il n'était, bien sûr, pas question de soumettre cette entente aux normes du récent Accord sur le libre échange dont l'objectif est de libéraliser les marchés en éliminant l'ingérence gouvernementale dans la production et la circulation des biens. Le DPSA utilise principalement la voie des subventions gouvernementales pour encourager le développement d'une structure de production industrielle

---

8. Voir : Jack Coop, « Le libre échange et la militarisation de l'économie canadienne », in *Les Cahiers de la non-violence,* n° 3, Centre de ressources sur la non-violence, Montréal, 1993.

militaire répartie sur l'ensemble du continent nord-américain. Le gouvernement Mulroney a donc préféré exclure la production militaire de l'Accord sur le libre échange.

L'Accord sur le libre échange prévoit l'élimination graduelle de toutes les subventions aux secteurs non militaires de l'économie. Les Canadiens se trouveront rapidement dans une structure économique où, seule, l'industrie militaire pourra, en toute impunité, continuer à bénéficier des largesses du gouvernement fédéral tout en profitant aussi de l'interpénétration du marché américain.

Les programmes d'aide, qui avaient été mis sur pied afin de faciliter le développement de secteurs comme l'agriculture, les pêcheries, l'industrie forestière, les ressources énergétiques et la mise en valeur des autres ressources des régions, deviendront peu à peu des pratiques commerciales interdites et seront soumis aux fameux « droits compensatoires américains ». Grâce à l'Accord de libre échange, l'industrie militaire deviendra le seul secteur où les subventions pour le développement industriel demeureront possibles.

La justification des dépenses militaires

Les arguments mis de l'avant par nos gouvernements reposent sur la nécessité d'assurer la paix et la sécurité des citoyens et, par ricochet, celle de créer des emplois en situation de crise économique. Ayant déjà vu la faiblesse de ce dernier argument au chapitre 2, nous analysons maintenant ce qu'il en est du premier.

Assurer la paix et la sécurité

En 1990, plus de la moitié du budget de la Défense canadienne était consacré à dissuader l'Union Soviétique d'entreprendre une guerre conventionnelle contre le Canada, selon le major général à la retraite Leonard Johnson. L'organisme *Ploughshares,* pour la même année, évalue à 8 milliards de dollars, sur les 12,262 milliards du budget de la Défense, les sommes servant à cette fin. Même les propos de l'ancien chef du personnel de la Défense, le général Gérard Thériault, témoignant devant le *Comité permanent des Affaires extérieures et de la Défense nationale de la Chambre des Communes,* en janvier 90, allaient en ce sens : « Aujourd'hui, nous maintenons de coûteux effectifs en Europe qui n'ont plus aucune utilité militaire [9] ». Les contribuables canadiens financent à coups de milliards un anachronisme.

L'argument de la dissuasion de l'Union Soviétique est maintenant tombé en désuétude. Le discours des politiciens démontre bien que dès que la situation mondiale change, de nouveaux arguments prennent la relève pour justifier la course à la production d'armements de plus en plus sophistiqués et destructeurs. À titre d'exemple, si nous examinons attentivement la participation du Canada aux missions de l'ONU, nous nous rendons compte à quel point nous sommes manipulés. En effet, depuis qu'en 1988, le prix Nobel de la paix a été décerné aux casques bleus de l'ONU, l'engagement de l'armée canadienne au sein des missions de maintien de la paix est utilisé comme outil promotionnel par excellence par le ministère de la Défense du Canada. Plusieurs personnes se demandent s'il ne s'agit pas là d'un écran de fumée.

Il est vrai que le Canada a joué un rôle prépondérant au sein des contingents multinationaux. Il a fait partie de dix-huit opérations de maintien de la paix, en fait, de presque toutes les missions des Nations Unies, et il a joué un rôle dans sept autres missions de natures diverses. Nul ne

---

9. Cité dans P. H. Langille, *op. cit.,* p. 67.

peut nier que le Canada n'ait bâti une large part de son enviable réputation sur la scène internationale grâce à son importante contribution au développement et à la mise en œuvre des opérations de maintien de la paix des Nations Unies. Ce qui est choquant, c'est qu'on laisse les contribuables canadiens croire que la participation du Canada à ces opérations représente une activité importante de l'armée canadienne et que le Canada fait preuve d'abnégation en s'impliquant ainsi sur la scène internationale. Le coût de l'implication des soldats canadiens, depuis la fondation des casques bleus en 1948 jusqu'en 1985, a été de 300 millions de dollars, ce qui ne constitue qu'une infime portion du budget annuel de 13 milliards de notre défense. À titre de comparaison, nos militaires, installés en Europe de l'ouest depuis la dernière Guerre mondiale, au service de l'OTAN, nous coûtaient jusqu'à récemment plus d'un milliard de dollars par année.

Le Canada a besoin des missions de maintien de la paix des Nations Unies pour justifier l'existence d'une armée de terre de près de 40 000 soldats et l'acquisition du matériel qu'elle utilise. Près de 50 pour 100 des effectifs militaires se retrouvent dans l'armée de terre, une des composantes de la triade : aviation, infanterie et marine. Il faut tenir ces soldats occupés et, de surcroît, cela paraît bien. Quelques millions de dollars d'investissement annuel pour les activités de maintien de la paix afin d'obtenir l'appui populaire pour une armée aussi coûteuse et controversée, c'est bien peu.

L'armée canadienne a commencé à miser sur l'accroissement de son implication au sein des Nations Unies pour justifier des augmentations du budget du ministère de la Défense nationale. Le mandat des casques bleus de l'ONU s'élargit : inspections pour le respect des sanctions qui suivent le conflit (Irak), offensives militaires de forces multinationales (Koweït), protection militaire de convois d'aide humanitaire (Bosnie-Herzégovine), acheminement d'aide humanitaire (Somalie) et ce n'est probablement qu'un début, car Boutros Boutros-Ghali parle maintenant d'une armée permanente de l'ONU. Beaucoup d'observateurs craignent que l'engagement au sein des forces de l'ONU ne devienne le nouveau motif pour justifier les armées et que les actions humanitaires ne se militarisent. Au lieu d'investir dans un mode de coopération internationale fondée sur la prévention des conflits, leur résolution pacifique et l'application de sanctions non violentes combinées à la promotion d'un développement économique juste, équitable et approprié, les pays coupent dans l'aide au développement et investissent de plus en plus dans une coopération internationale militarisée selon un modèle donnant une grande importance à la répression, à l'intimidation et au contrôle des conflits.

Ainsi, on reproche aux récentes missions humanitaires des Nations Unies en Somalie et en Yougoslavie d'être des opérations minimales, engagées trop tard et servant beaucoup plus de tape-à-l'œil médiatique que de résolution des conflits. Les membres de plusieurs organisations humanitaires non gouvernementales constatent que les récentes missions de paix ressemblent davantage à des opérations de relations publiques pour les armées impliquées qu'à un réel engagement envers les populations affectées. Ce genre d'intervention de courte durée ne peut résoudre des conflits ancrés dans la réalité historique et sociale de ces régions. Une fois les troupes parties, les différentes factions se retrouvent inévitablement confrontées à la même désolante réalité qui avait engendré le conflit.

Le véritable rôle des dépenses militaires

Dans son livre *Changing the Guard,* Peter Langille dépeint avec clarté l'harmonie qui existe entre le pouvoir politique canadien, la bureaucratie gouvernementale, le puissant lobby de l'industrie militaire et les groupes de pression militaristes. Il confirme l'existence d'un complexe militaro-industriel agissant sur la politique canadienne de défense. Il décrit la profonde transformation de la politique militaire canadienne sous l'influence de ce complexe, depuis les années du gouvernement Trudeau.

Des faits bien connus nous fournissent des pistes pour comprendre le véritable rôle des dépenses militaires.

Puisque le Canada a choisi d'avoir une armée, il lui faut des armes. De la même manière que l'armée, pour être efficace, doit toujours être prête à intervenir, de la même manière avons-nous besoin d'avoir une industrie qui réponde, autant que faire se peut, à la demande d'armement. Sans complexe militaro-industriel, il nous faudrait acheter ailleurs — et à quel prix ! — tout l'armement nécessaire pour que notre armée soit fonctionnelle. L'État armé a absolument besoin de cette industrie.

Pour les industriels, la chose est extrêmement profitable. Cette industrie est perçue, avec raison, comme un bon moyen d'obtenir des subventions gouvernementales. Il est cependant difficile, pour de nouvelles entreprises, d'accéder aux contrats militaires, car une grande part des investissements initiaux doit être consacrée à l'acquisition des technologies de production et les gouvernements préfèrent faire affaire avec des partenaires stables. Lorsque votre entreprise est élue au club des fabricants de matériel militaire, votre richesse s'accroît au rythme des augmentations du budget militaire. Grâce à de solides appuis politiques, ce sont des revenus continus, relativement stables et qui ont une bonne propension à s'accroître. C'est un genre de « revenu minimum garanti » pour les grosses entreprises. Ce n'est pas sans raison qu'aux États-Unis, beaucoup de fonctionnaires et de politiciens deviennent d'importants actionnaires ou des dirigeants d'entreprises militaires. Quand ils sont « sages », ils ne se retrouvent pas à la rue lorsque prend fin leur carrière politique. Le Canada n'échappe d'ailleurs pas à cette symbiose militaro-politique.

À en juger par ce qui se passe aux États-Unis, les revenus du complexe militaro-industriel ne sont pas menacés, quelle que soit la conjoncture économique et politique. Les récentes déclarations de dirigeants bien placés dans la sphère des finances sont empreintes d'optimisme quant à l'avenir des dépenses militaires. Au lieu d'investir dans la très coûteuse technologie nucléaire, grâce aux accords sur la limitation des armes nucléaires, il sera possible d'investir davantage dans la production de technologies accessibles à des pays qui ne font pas partie du sélect « club des sept » puissances industrielles. C'est avec enthousiasme qu'on voit s'ouvrir de nouvelles avenues au Moyen Orient. Grâce à la guerre du Golfe persique, les marchés pour la vente de technologies conventionnelles y seront florissants. La nouvelle politique de l'OTAN, axée sur le développement d'une capacité d'intervention rapide et un état de disponibilité permanente des troupes, rend également optimistes les marchands d'armes. Cette nouvelle doctrine poussera inévitablement les pays membres vers le développement d'une infrastructure militaire mobile, capable d'intervenir rapidement en régions éloignées. L'avènement de ces nouvelles armées opérant en petites unités, munies d'un maximum de puissance de feu, nous projette dans une toute nouvelle course aux armements : une course vers la miniaturisation des moyens de destruction collective, leur transport rapide et leur utilisation dans des conflits régionaux. La guerre du Golfe en est un exemple probant.

Au fait, la liste des 100 plus importantes entreprises aux États-Unis ressemblera toujours à une copie de la liste des 100 meilleurs fournisseurs du Pentagone. Même en situation de détente, les grands amis du Pentagone ne risquent pas de mordre la poussière. C'est surtout la foule des sous-contractants chargés des composantes d'armes à vocation exclusivement nucléaire, une technologie ultra-sophistiquée qui demande des moyens de production très spécialisés, qui risque de subir les contrecoups de la « paix par l'intimidation globale ». Ceux qui sont déjà des producteurs dans le secteur des armes conventionnelles retourneront sans doute à leurs tables à dessin et s'organiseront pour s'en tirer avec plus d'argent en poche.

Il faut souligner ici qu'aucun des traités de contrôle des armements n'a jamais réussi à limiter le développement technologique de nouvelles armes et le remplacement des anciennes. On négocie généralement des limites acceptables au nombre des armes déjà déployées et un retrait équilibré de systèmes d'armes pour la plupart désuets. La quantité d'armes en jeu ne dépasse pas 10 pour 100 des stocks existants. Le renouvellement des systèmes d'armes désuets peut se continuer éternellement sans la mise en application de traités limitant les essais, la recherche et le développement dans le secteur militaire.

Les politiciens considèrent la situation mondiale, autant dans ce qui reste de l'Union Soviétique qu'ailleurs, comme trop instable pour démilitariser. Tous les conflits, que ce soit la guerre du Golfe persique ou la guerre civile en Yougoslavie, deviennent de nouvelles justifications pour la militarisation. Pour donner l'illusion qu'on effectue des coupures dans les dépenses militaires, on continuera simplement à réduire des augmentations de budget d'avance prévues trop élevées, et ce, à grands renforts de publicité.

En réalité, il n'y a qu'une seule justification à ces dépenses : c'est le choix de la défense par les armes. Tant et aussi longtemps que nous ne nous déciderons pas à remettre en question ce choix fondamental, nous ne sortirons pas de ce dilemme.

CHAPITRE 5

Analyse critique de la défense par les armes

Nul n'est assez insensé pour préférer la guerre à la paix ; en temps de paix, les fils ensevelissent leurs pères ; en temps de guerre, les pères ensevelissent leurs fils.

HÉRODOTE (484-420 av. J.-C.)

DEPUIS DES SIÈCLES, la politique occidentale de sécurité repose sur deux principes fondamentaux : à l'extérieur, le principe de l'équilibre des puissances ; à l'intérieur, la stabilité du pouvoir établi. Les menaces à la sécurité sont donc tout ce qui pourrait entraîner la perte de possessions territoriales ou constituerait une violation de l'espace territorial d'une part et, d'autre part, ce qui pourrait donner lieu à une partition du territoire ou causer le renversement par la force du pouvoir établi.

La principale et souvent l'unique menace à la sécurité que reconnaissent les pouvoirs politiques, c'est la menace armée. En conséquence, l'État investit une grande part des fonds publics dans son armée et dans l'équipement qui doit lui permettre de protéger l'intégrité du territoire, la surveillance des frontières et le maintien de l'ordre à l'intérieur. Dans ces conditions, la sécurité nationale devient essentiellement un enjeu militaire, ce qui se traduit par une incessante accumulation d'armes, le recrutement

d'imposants effectifs militaires, le continuel perfectionnement des technologies et le raffinement constant des
modes d'intervention en situation de crise. C'est cette
conception superficielle de la sécurité, axée sur l'intimidation et sur un état de préparation suffisant pour répondre
à différentes situations de crise, qui a entraîné les pays
dans une perpétuelle escalade des moyens de destruction.
Dans cette façon de voir les choses, il semble n'y avoir
aucune place pour la prévention ni pour la gestion pacifique des crises.

Le choix du Canada

Le Canada a fait des choix ambigus. Il participe de plein
pied au développement de la force nucléaire, sans toutefois
y avoir directement accès ; il compte en fait sur son puissant voisin pour le protéger. Mais en même temps, il tient à
avoir sa propre armée. L'équipement de l'armée canadienne
est constitué d'armes conventionnelles. Les politiciens qui
prônent une politique plus autonome optent pour un programme d'investissements majeurs dans la technologie conventionnelle afin d'accroître considérablement la capacité
militaire du Canada. Le principe qui sous-tend ce choix
repose sur l'affirmation de la souveraineté du Canada : on
veut défendre ses frontières contre tout agresseur possible.
Plus nous aurons d'armes conventionnelles et moins nous
aurons besoin des Américains, dit-on.

Il suffit de consulter une carte géographique du Canada
pour comprendre les implications de ce choix. Étant donné
la longueur de nos frontières, tant terrestres que maritimes,
et la superficie du territoire à défendre, toute tentative d'évaluation des coûts d'un tel choix doit tenir compte des infrastructures nécessaires au balayage du territoire par radar et
à l'intervention militaire rapide par l'armée de terre, par

l'aviation et par la marine, avec des sous-marins s'il reste assez d'argent pour s'en procurer ; sans oublier le coût essentiel pour garantir la sécurité de l'approvisionnement en matières premières dites « stratégiques ». La conclusion s'impose d'elle-même : c'est peine perdue ! Une efficace défense conventionnelle de nos frontières constituerait un fardeau économique insupportable.

Même avant les changements politiques survenus en Europe de l'Est, en 1990, et les bouleversements qui ont conduit à la formation de l'actuelle CEI, cette approche, qui reposait entièrement sur la crainte d'un envahissement du Grand Nord par un agresseur — l'URSS —, était irréaliste. D'une part, la logistique d'une telle opération aurait causé d'énormes difficultés à l'URSS — le Grand Nord canadien se défend tout seul ; d'autre part, le coût d'une défense par des moyens conventionnels était tout à fait démesuré par rapport à la capacité de payer des Canadiens. Cette conception politique d'une défense qui met l'accent sur l'intégrité des frontières est pourtant celle qui justifie la plupart des programmes d'acquisition d'équipement du ministère de la Défense.

Les armes conventionnelles sont moins puissantes que les armes nucléaires. Le choix d'une telle défense implique qu'on se prépare à des conflits de longue durée. On mise sur la quantité des technologies nécessaires au développement d'une puissance militaire efficace. C'est donc un choix extrêmement dispendieux.

Au fait, le développement ou l'importation des moyens de production nécessaires pour bâtir un système conventionnel de défense, autonome et fonctionnel, pourraient facilement décupler le fardeau fiscal des Canadiens. L'autre possibilité serait de transformer notre économie pour l'axer résolument sur l'exportation en se taillant une place importante sur le marché mondial des armes, marché lucratif mais contingenté, et ce, dans le but de financer notre quincaillerie militaire.

Les conséquences d'une politique agressive d'exportation d'armes sont sérieuses. La nation qui choisit cette voie exploite les antagonismes entre ethnies et gouvernements ou entre nations. Une première conséquence inévitable serait l'obligation d'accroître les mesures de sécurité pour assurer la protection de nos institutions et représentants à l'étranger. On assisterait bientôt, sur notre propre territoire, à des protestations et à des représailles de la part des victimes, lesquelles prennent généralement la forme d'actes dits « de terrorisme ». L'expérience de la France, cible de nombreux attentats, est révélatrice en ce sens : elle occupe le troisième rang parmi les vendeurs d'armes aux pays du tiers monde.

Spécialiser la défense ?

Une solution possible au coût prohibitif d'une défense conventionnelle serait la spécialisation, en ne retenant que l'une des trois armes conventionnelles.

Même s'il n'existe aucune analyse détaillée du rôle que joue notre armée de terre dans la défense de l'Amérique du Nord, il paraît assez évident qu'elle ne peut servir à grand chose sur ce plan. Sa seule raison d'être tient à nos obligations envers l'OTAN et l'ONU. Nos troupes ayant été retirées d'Europe, où leur rôle était d'ailleurs plutôt symbolique, c'est davantage dans le cadre des missions de l'ONU qu'elles agissent. Cependant, pour rendre cette fonction plus importante, cette arme devrait accroître sa mobilité et se doter d'un système de transport aéroporté très élaboré. Sur notre propre territoire, l'armée de terre intervient « en situation de crise intérieure ». Les Québécois et les Mohawks ont eu la « chance » de voir nos fantassins à l'œuvre lors des événements d'octobre 1970 et de l'été des barricades en 1990...

Compte tenu de la puissance actuelle de la marine américaine et de l'hégémonie qu'exercent les États-Unis dans ce secteur, on voit difficilement que le Canada choisisse la spécialisation dans la marine, d'autant plus que le coût des technologies maritimes est exorbitant, particulièrement pour les opérations sous-marines. Une défense conventionnelle uniquement dotée de vaisseaux de surface serait nettement insuffisante. De plus, les infrastructures maritimes ne permettent pas l'intervention rapide sur de grandes distances. Même si on écarte la marine comme arme de spécialisation du Canada, les tenants d'une défense reposant sur les armes conventionnelles ne manquent pas de souligner que l'étendue de nos côtes exige que le Canada maintienne une capacité maritime minimale.

Une spécialisation aérienne serait plus plausible étant donné le rôle que joue le Canada dans le NORAD depuis de nombreuses années et le fait que sa contribution à la productions de biens de défense se situe dans le champ de l'aéronautique. Avec une telle spécialisation, il pourrait, si nécessaire, remplir ses obligations envers l'OTAN et intervenir de manière significative à l'occasion d'offensives internationales, comme il l'a fait lors de la guerre du Golfe persique. Mais ce choix n'a pas pour résultat d'augmenter l'autonomie politique du pays. À moins de se doter lui-même des infrastructures déjà existantes dans le NORAD, le Canada resterait dans le même état de dépendance qu'actuellement.

Cette idée de la spécialisation est quelque peu simpliste. Dans le cadre de nos alliances actuelles, quelle que soit l'arme choisie, la dépendance du pays envers le Pentagone continuerait. Il faudrait nécessairement que l'arme choisie permette au Canada de garantir que son territoire ne servira pas de tremplin à une agression contre les États-Unis. De plus, les opérations militaires requièrent l'utilisation d'au moins deux armes pour être fonctionnelles : ni l'armée de terre ni la marine ne peuvent se passer d'un appui aérien et l'aviation ne peut, à elle seule, reprendre le contrôle d'un territoire occupé. Enfin, dans le cas d'une agression contre notre pays par des navires pourvus d'armes anti-aériennes, les avions ne suffisent pas. Il faut disposer de sous-marins pour agir avec efficacité. Par conséquent, une armée canadienne spécialisée dans une seule arme est inimaginable sans le recours à de puissants alliés.

On fonde souvent la nécessité d'une armée conventionnelle sur son utilité dans le maintien de l'ordre à l'intérieur du pays. N'oublions pas que la force armée au service du pouvoir politique exerce facilement un terrorisme qui appelle le terrorisme. Plusieurs pays en souffrent depuis de nombreuses décennies pour avoir tenté de réprimer par les armes des rébellions politiques. Quelles auraient été les conséquences à long terme de l'utilisation des armes contre les Mohawks d'Oka ? Que résulterait-il d'une intervention armée pour contrer une déclaration d'indépendance du Québec ?

Le recours à la force, lors de crises politiques, ne résout pas un conflit ; il le refoule et complique sa résolution en camouflant les enjeux réels et en multipliant les frustrations des diverses parties. L'existence d'une armée conforte dans son intransigeance le gouvernement qui peut y avoir recours et le détermine à refuser toute négociation.

En ces années 1990, proposer le choix d'une politique autonome de défense fondée sur les armes conventionnelles, c'est exiger des militaires qu'ils accomplissent une tâche impossible. La conception traditionnelle de la sécurité veut que l'on identifie ses ennemis potentiels pour se protéger contre eux. « Qui veut la paix prépare la guerre », cela suppose qu'on évalue la force d'un adversaire en tenant compte de la densité de sa population, du développement de son industrie lourde, de la dimension de son territoire, de sa position géographique, de son indépendance logistique et de sa capacité d'opérer dans les conditions géographiques et météorologiques qui prévalent chez nous. Ces études sont absolument nécessaires pour établir un programme d'acquisition d'armement réaliste. Or, non seulement nos frontières sont-elles très étendues, mais comment peut-on identifier un ennemi potentiel dans le cadre de nos alliances actuelles ?

Sur la scène internationale, l'armée canadienne s'enlise rapidement dans de tout nouveaux rôles. Ces rôles nous sont imposés par l'absence d'une politique de défense canadienne réaliste, cohérente et autonome. L'intégration de la stratégie militaire canadienne à la stratégie américaine se poursuit. On ne peut trop répéter que cette capitulation au niveau de la capacité autonome de défense est un scandale. Comment peut-on prétendre être un pays souverain sans se munir de moyens pour protéger de façon autonome cette souveraineté ?

Les autres formes de défense armée

Il y a des alternatives aux options militaires que le Canada a choisies. La dépendance des technologies nucléaires américaines associée au développement d'une force conventionnelle minimale n'est pas une situation inévitable. D'autres pays ont choisi d'autres voies pour assurer leur sécurité ; nous pourrions nous inspirer de leur expérience pour établir notre propre politique. Dans le seul domaine de la défense par les armes, et sous réserve d'explorer plus tard la défense non violente, voici quelques-unes des options qui pourraient s'offrir à nous.

L'intimidation nucléaire autonome

La France a choisi cette voie. Elle a développé sa propre compétence dans la conception d'armes nucléaires. Le créneau était attirant pour les nationalistes français désireux de conserver à la France son état de grande puissance militaire. Le fait d'avoir comme voisin l'Allemagne, qui était dans le camp ennemi pendant les deux guerres mondiales, et l'Angleterre qui constituait son propre arsenal, la pauvreté du pays en ressources énergétiques, l'existence d'une expertise locale dans le domaine de la recherche nucléaire et la possession d'une importante infrastructure industrielle de production d'armes sont autant de facteurs qui ont stimulé l'intérêt de la France pour une force nationale de dissuasion nucléaire.

Pour mettre en place cette politique de défense, les contribuables français ont dû financer une imposante et extrêmement dispendieuse industrie nucléaire. Pour rentabiliser ses réacteurs nucléaires, la France compte sur l'exportation des technologies nucléaires à utilisation commerciale. Aucun gouvernement français n'a accepté de signer le TNP. En effet, il ne suffit pas de posséder des armes nucléaires, ces armes doivent être continuellement modernisées afin de ne pas être court-circuitées par l'avènement de nouveaux systèmes d'armes défensifs. Pour demeurer à l'avant-garde et vérifier la fiabilité des systèmes, les essais d'armes atomiques ont toujours été considérés comme indispensables par toutes les puissances nucléaires. Les essais français dans les îles Mururoa du Pacifique ont causé d'énormes problèmes politiques.

En choisissant cette option, le Canada ne partirait pas à la case départ. Sa technologie, son expertise et ses mines d'uranium seraient indéniablement des atouts. Le principal problème pour le Canada ne serait certainement pas de produire les ogives nucléaires, malgré les coûteux investissements que la construction d'usines de retraitement des déchets nucléaires implique ; la difficulté serait plutôt au niveau de la production autonome de missiles intercontinentaux, de la production des autres systèmes (aéroportés et navals) de livraison à longue portée et du développement du système de commande et de contrôle nécessaires pour ces armes. La fabrication de cette technologie militaire ultra-sophistiquée exige une foule de matériaux stratégiques rares.

L'industrie de la fabrication d'armes est probablement l'entreprise la plus polluante et également la plus énergivore. De plus, les mesures de sécurité qu'implique cette orientation sont énormes. Compte tenu de sa faible densité de population, le Canada pourrait devenir un véritable État policier ou militaire. Il faudrait probablement affecter une tranche importante de nos effectifs militaires à la surveillance et à l'espionnage préventif. De plus, le Canada serait forcé de développer une politique beaucoup plus agressive d'exportation de technologies nucléaires afin de rentabiliser ses infrastructures de défense. Il faciliterait la prolifération des armes atomiques et deviendrait une cible prioritaire autant pour les organisations terroristes que pour d'éventuels ennemis. Les Canadiens seraient-ils plus en sécurité ? Nous pourrions constituer une menace pour le voisin américain ; comment réagirait-il à cette situation ?

La notion de dissuasion repose sur la présomption que l'attitude de l'adversaire sera rationnelle. Pour être efficace, elle doit être endossée par l'ennemi. Il n'y a pas de dissuasion possible d'un adversaire qui ferait fi de tout critère rationnel pour décider de sa politique. La dissuasion est donc, par définition, incertaine. En cas de faillite de la dissuasion, les moyens de défense choisis doivent être utilisables afin de minimiser les pertes dans le pays défendu, ce qui n'est certainement pas possible dans le cas de l'intimidation nucléaire. Ces armes sont inutilisables à des fins défensives.

Des armes à caractère purement défensif

Le concept d'une politique de défense non offensive ou non provocatrice a été développé surtout en Allemagne dans le contexte de la guerre froide. Cette politique militaire se veut une première étape dans la mise en œuvre d'une nouvelle vision de la sécurité. Le pays qui adopte cette politique s'oriente vers le développement de stratégies et la fabrication de systèmes d'armes à usage purement défensif. On recherche des moyens militaires qui ne soient d'aucune utilité pour l'agression ou pour la riposte sur le territoire d'un pays agresseur.

On peut décrire les caractéristiques de forces purement défensives comme suit :

> Ce sont des forces militaires, paramilitaires ou non militaires composées de petites unités très mobiles à court rayon d'action, que ce soit sur terre, sur mer ou dans les airs. Afin de compenser le rayon d'action limité, elles sont dispersées sur l'ensemble du territoire et elles ont des fonctions essentiellement locales ou régionales. Si les distances entre les frontières d'un pays sont si grandes qu'un rayon d'action approprié permettrait d'atteindre le territoire d'un adversaire possible, il faudra renoncer à ce système d'arme. La priorité doit être donnée au caractère non offensif du système, non à la volonté d'utiliser toutes les possibilités technologiques sur l'ensemble du territoire. Si les unités doivent opérer de manière dispersée et essentiellement locale, elles doivent être aussi relativement autonomes. Ceci ne signifie pas qu'elles ne soient pas sous un commandement national, mais seule-

ment qu'elles soient capables d'opérer même si ce commandement devait être sérieusement perturbé par une attaque adverse.

Après avoir établi que les unités devaient être équipées d'armes à faible rayon d'action mais aussi rapidement mobiles, bien dispersées, petites, locales et autonomes, nous pouvons envisager la surface d'impact de ces armes. Elle devrait être limitée pour la raison très simple que l'on souhaite limiter les destructions possibles sur son propre territoire [...]. Cela nous orienterait vers des armes très efficaces, à guidage précis et disposant d'une puissance destructrice considérable mais à surface d'impact limitée ; un exemple : les fusées intelligentes [1].

L'avantage de cette approche de défense est de désamorcer la dynamique d'action-réaction de la course aux armements et de faciliter des initiatives unilatérales de désarmement, lorsqu'on estime être parvenu à une défense suffisante.

Avant d'adopter une telle politique de défense, il faut considérer plusieurs éléments : les caractéristiques du territoire à défendre, les scénarios plausibles d'agression, le minimum d'infrastructures et de technologies nécessaires pour contrer ces scénarios sans qu'elles puissent être interprétées comme offensives. Les technologies associées à cette politique sont très sophistiquées et très dispendieuses. Ce mode de défense repose sur le développement d'une toute nouvelle quincaillerie militaire adaptée aux diverses conditions territoriales. Le mode de déploiement des équipements déterminera souvent si un système d'arme est offensif ou défensif. Dans le cas du Canada, où les dis-

---

1. Johan Galtung, *Une stratégie purement défensive*. Fiche documentaire pour une autre défense, MIR-IRG, Belgique, novembre 1984, p. 2.

tances entre les frontières sont si grandes, le développement d'une force militaire non offensive implique une amplification du processus de militarisation.

Les tenants de cette approche définissaient les besoins du Canada comme suit, avant la dissolution de l'URSS : la priorité absolue d'une politique canadienne de sécurité est de réduire le risque de guerre et de prévenir l'avènement de conditions pouvant mener à la guerre. Comme le Canada est situé entre l'Union Soviétique et les États-Unis, cette position stratégique impose d'elle-même au Canada un rôle de modérateur. La dimension du territoire canadien, en permettant d'établir une zone tampon entre les protagonistes, leur fournirait le temps de réflexion nécessaire pour déterminer si une alerte est vraie ou fausse et réduirait ainsi les dangers de guerre accidentelle.

Les mesures concrètes qu'implique cette option sont les suivantes :

– l'appui inconditionnel aux mesures de démilitarisation de l'Arctique, afin d'élargir la zone tampon entre les deux superpuissances ;

– la déclaration du Canada *Zone libre d'armes nucléaires* (ZLAN) [2], ce qui conduirait à l'arrêt de toutes les expériences contribuant à la conception et à l'utilisation des armes nucléaires au Canada [3] ;

---

2. L'idée des *Zones libres d'armes nucléaires* vient du désir de régionaliser une problématique mondiale. Si toutes les régions du monde se déclarent « libres d'armes nucléaires », elles interdiront la recherche et le développement reliés aux armes nucléaires. Ces armes ne pourraient plus être produites, déployées ou transportées dans ces zones.

3. Cela implique l'arrêt des essais et du perfectionnement industriel des missiles de croisière et l'arrêt des vols à basse altitude.

- et, afin d'être cohérent avec le rôle choisi, le retrait de l'OTAN et de NORAD tant que ces organisations n'auront pas abandonné leurs doctrines offensives ;

- ajoutons que l'obtention d'un certain état de neutralité et une capacité autonome de surveillance de notre territoire comme de nos espaces aérien et maritime seraient des mesures essentielles.

Le Canada devrait conserver une politique de dissuasion fondée sur des armes défensives et des équipements non militaires susceptibles de persuader tout envahisseur éventuel qu'il n'a rien à gagner à nous attaquer. Il travaillerait activement à renforcer les organismes internationaux prônant une politique de sécurité commune et s'impliquerait activement dans les initiatives d'ententes multilatérales.

Dans cette option, le rôle de l'armée de terre s'orienterait vers le maintien de la paix et la protection du territoire. Le rôle de la marine serait celui d'une garde côtière dotée d'une capacité de détection sous-marine appuyée d'infrastructures de détection par satellites. Quant à l'armée de l'air, elle servirait à maintenir le travail de surveillance, d'alerte avancée, de patrouille et de d'interception à seule fin d'identification.

Le coût probable de cette option pour le Canada est un facteur important. Peter Langille croit que « le Canada pourrait prétendre à une position autonome pour un coût total de 5,246 milliards de dollars, considérablement moins que les acquisitions qui avaient été proposées de douze sous-marins d'attaque à propulsion nucléaire (8 à 15 milliards) [4]. »

---

4. Peter Langille, *op. cit.,* p. 192. (Trad. de l'auteur).

Ce genre de défense, pour être réaliste, repose cependant sur l'identification des ennemis éventuels. Dans la conjoncture actuelle, il n'existe qu'un seul pays qui réponde aux critères permettant la planification et la mise en place de ce choix de défense : les États-Unis. Or, s'il est un cas où l'usage de nos armes serait tout à fait inutile, c'est bien celui — très hypothétique — d'une invasion militaire américaine ; pensons à la guerre du Golfe... La Lithuanie, confrontée à l'Union soviétique, en était arrivée à cette conclusion et la résistance non violente y a été utilisée avec un succès considérable.

La résistance populaire armée

L'option peut sembler intéressante au départ. La superficie du territoire canadien et ses grandes étendues vierges pourraient être perçues comme des avantages pour ce genre de défense. La technologie nécessaire pour mettre en œuvre cette politique de défense est beaucoup plus simple et abordable que les autres options de défense armée. Par contre, la résistance par les armes pousse l'ennemi à utiliser au maximum sa propre capacité militaire, ce qui risque d'entraîner des pertes humaines et matérielles considérables en cas de conflit. Les technologies de guerre actuelles rendent l'utilisation des fantassins dans une offensive armée de moins en moins nécessaire ; or, la résistance populaire armée repose en grande partie sur le harcèlement de l'armée de terre ennemie par l'infanterie. À quoi peut servir une lutte de guérilla urbaine contre les missiles, l'aviation, l'artillerie, l'utilisation des gaz au phosphore, les mitrailleurs déchiqueteurs des offensives héliportées ou les armes de combat nocturne ? Pourtant les organisations de la gauche traditionnelle préconisent toujours un système de défense fondé sur des milices populaires.

Les partisans de cette forme de défense utilisent comme référence les divers exemples de guérilla que rapporte l'histoire. Ils se réfèrent à la guerre civile en URSS au début du siècle, aux diverses formes qu'a pris la défense armée en Europe sous l'occupation nazie, aux guerres de libération chinoise, indochinoise et algérienne, aux systèmes de défense yougoslave, albanais ou suisse (bien que la Suisse soit souvent citée comme exemple de nation orientée vers une défense non offensive). Sur le plan théorique, les ouvrages de Mao Tsé Toung et du général Giap servent d'outils de référence. Les luttes de guérilla chinoise, indochinoise et algérienne, entre autres, étaient des guerres révolutionnaires de décolonisation ; nous ne pouvons trop savoir ce que donnerait un tel système dans un contexte de défense nationale.

L'argument de la dissuasion est utilisé de façon régulière pour justifier ce mode de défense. On prétend qu'un pays dont le peuple serait armé exercerait sur tout agresseur éventuel un tel effet dissuasif qu'il ne pourrait entrevoir de gains substantiels à tirer de cette agression. Les exemples cités sont la Suisse qui n'a pas été envahie par Hitler, la Yougoslavie, par Staline et le Vietnam du nord, par les Américains ; mais c'est oublier de nombreux autres facteurs qui expliquent cette non-agression.

Les partisans de la résistance populaire armée oublient souvent que les succès de la guérilla ont toujours été obtenus dans des pays où se trouvaient réalisées deux conditions essentielles : l'existence de vastes abris naturels difficilement pénétrables (jungles indochinoise et africaine, djebels algériens) et une population essentiellement rurale. Cette forme de résistance, déjà difficile à pratiquer au sein d'une population en majorité rurale, devient à peu près inconcevable dans un pays largement urbanisé et dont le développement technique est assez élevé. Il est facile de priver d'eau, d'électricité et d'alimentation une ville entière. Combien de Canadiens, habitués au mode de vie urbain, conserveraient un esprit de résistance au bout d'un ou deux ans du régime de violence et de terreur qu'a connu le Vietnam pendant près de 30 ans ? La résistance populaire armée, dans un pays moyennement ou hautement industrialisé est, en fait, un anachronisme et n'aurait très probablement aucune chance de succès contre un adversaire prêt à tout. Même les Chinois, malgré l'immensité de leur territoire, l'importance de leur population et sa composition essentiellement rurale — trois facteurs éminemment favorables à une défense populaire armée — n'ont pas cru à l'effet dissuasif de cette option défensive et se sont munis de « la Bombe ».

Le moins qu'on puisse dire de cette forme de résistance populaire, c'est qu'elle répond assez mal à la définition d'un bon moyen de défense de la population et du territoire. La guerre civile yougoslave illustre de façon éloquente ce constat. Le caractère strictement territorial de l'équipement militaire yougoslave et sa dispersion sur tout le pays étaient considérés comme des facteurs dissuasifs importants à l'encontre d'un agresseur. La guerre civile a éclaté et on compte déjà plusieurs milliers de morts, alors que les diverses ethnies se battent entre elles avec les armes de la défense populaire nationale. Le choix de cette forme de défense avait été fait en vue de permettre à chaque ethnie d'avoir un minimum de contrôle sur sa sécurité. Même entre les mains du peuple, les armes restent dangereuses. La défense yougoslave était non offensive contre un agresseur de l'extérieur, mais elle est devenue extrêmement offensive dans la résolution des problèmes internes.

La garde nationale

Une garde nationale diffère d'une armée de plusieurs façons. Traditionnellement, l'armée sert à défendre un pays contre l'ennemi provenant de l'extérieur. Le choix de son équipement découle de cet objectif. Parce que la protection du territoire national est d'une importance prioritaire pour les États, les militaires sont justifiés d'utiliser tous les moyens financièrement et techniquement accessibles pour accomplir leur mission. La garde nationale n'est pas une armée. Son but premier n'est pas la protection de l'intégrité du territoire, mais la protection du système politique. Elle est, généralement, la gardienne de la constitution de son pays. Son mandat prioritaire n'est donc pas de répondre aux menaces externes, mais de maintenir la sécurité interne lorsque les services policiers sont débordés. Ce mandat décidera du genre d'équipement et d'entraînement donnés à la garde nationale. Elle utilisera des technologies plus sophistiquées que celles des policiers pour mâter l'insurrection : hélicoptères, systèmes blindés de transport de troupes aérien, nautique et terrestre, équipements complets pour le contrôle des foules, équipes d'artificiers et de démineurs, infrastructures de protection des dirigeants politiques, système sophistiqué de renseignements, etc.

Les gardes nationales sont très répandues en Amérique latine et sont souvent sous le commandement de l'armée. Elles sont traditionnellement les gardiennes de la constitution. Ce rôle a souvent eu pour résultat de permettre à la garde nationale et à ses responsables militaires de s'improviser interprètes de la constitution d'un pays et même propriétaires de cette constitution. Cette tradition des gardes nationales en Amérique latine explique souvent les coups d'État militaires, la répression abusive des populations et le recours fréquent à la force contre les entités politiques jugées indésirables.

Le Costa Rica fait exception. Ce pays n'a pas d'armée, la garde nationale assurant la surveillance des frontières et de la souveraineté du territoire. Au Costa Rica, la garde nationale joue le rôle de service de sécurité à tout faire ; c'est une situation qui se comprend très bien compte tenu de la petite superficie et de la faible population du pays.

Aux États-Unis, le président est le gardien de la constitution, alors que l'armée et la garde nationale sont sous sa juridiction. La garde nationale américaine n'a pas autant de pouvoir que les gardes latino-américaines : elle ne saurait prétendre avoir le dernier mot sur le respect de la constitution puisque cette fonction est présidentielle ; le renseignement intérieur est l'apanage du FBI, une entité politique distincte. La garde nationale américaine ne sert donc qu'à suppléer aux pouvoirs publics en cas de besoin. Son équipement sert au contrôle et à la dispersion des foules lors d'émeutes raciales, à l'intervention au cours de sièges (prisons, autochtones), etc.

En fait, la garde nationale joue un rôle de contrôle interne fondamental dans les pays où la population ne bénéficie d'aucun moyen de stabilisation sociale. Les programmes sociaux qui existent au Canada servent à prévenir les émeutes de populations acculées à la misère. De tels programmes n'existent généralement pas dans les pays où la garde nationale est très active.

Au Canada, de plus en plus de personnes constatent que la question de la sécurité a changé du tout au tout. Beaucoup en arrivent à la conclusion que le rôle de l'armée devrait être redéfini pour qu'elle remplisse mieux un nouveau mandat : puisque une agression de l'extérieur n'est plus vraiment à craindre, c'est de l'intérieur désormais que peut venir la menace la plus importante. La tendance du ministère de la Défense à acheter de l'équipement destiné à assurer la sécurité interne pourrait s'accroître au cours des prochaines années. Les problèmes constitutionnels, la crise autochtone de 1990, la dégradation rapide des conditions économiques associée aux coupures effectuées dans les programmes sociaux pourraient accentuer le côté garde nationale de l'armée canadienne et ce, beaucoup plus tôt qu'on ne le croit.

Cette réalité est très préoccupante. Faisons-nous face à une perte de confiance dans la capacité du système canadien de prévenir les instabilités sociales ? Sommes-nous graduellement en train de déplacer les ressources financières de l'État vers la répression ? La population canadienne finance déjà de nombreux corps de police fédéraux, provinciaux, municipaux et privés ; des agences de renseignements ; une garde côtière ; des gardes-frontière, des gardes-chasse, des gardiens de parc et de nombreux fonctionnaires surveillant l'application de politiques diverses. L'armée canadienne, en quête d'un rôle, viendra-t-elle aussi surveiller et contrôler la population ? La nécessité de l'intervention de l'armée canadienne, que ce soit lors de la crise d'Oka, pendant les jeux olympiques ou durant la crise d'octobre 1970, n'a jamais été démontrée.

Vers une armée internationale ?

Tout au long de la guerre froide, les casques bleus n'ont pu intervenir que dans des conflits à caractère régional et à échelle relativement réduite. Dans un document de l'*Institut canadien pour la paix et la sécurité internationales,* Henry Wiseman explique la forme plutôt pacifique qu'a prise la plupart des missions de l'ONU :

[...] Le but ultime des Nations Unies est de maintenir la paix et la sécurité internationale. Cette responsabilité a été expressément conférée aux pays membres du Conseil de sécurité, qui sont habilités à « entreprendre, au moyen de forces aériennes, navales ou terrestres toute action jugée nécessaire » en fonction des circonstances. Toutefois, les antagonismes de la guerre froide et l'hostilité entre l'Est et l'Ouest ayant déteint sur les rouages politiques de l'organisme mondial dès sa fondation, le Conseil de sécurité n'a pas été capable d'exercer ses pouvoirs pour remplir cette obligation essentielle. En effet, toute intervention exige l'assentiment des cinq membres permanents, à savoir la Chine, les États-Unis, la France, la Grande-Bretagne et l'Union Soviétique, qui ont chacun un droit de veto au sein du Conseil [5].

La réalité est simple : ces pays ne se sont jamais entendus sur la nécessité ni sur l'emploi de mesures coercitives dans aucune situation de crise. Certes, le Conseil a décidé en 1950 de recourir à la force pour repousser l'assaut nord-coréen contre la Corée du Sud, mais le cas est unique et s'explique par le seul fait que l'Union Soviétique, absente du Conseil au moment de la décision, n'a pu opposer son véto quand il a fallu voter sur la résolution [6].

Par son évolution, le maintien de la paix est donc devenu un succédané à l'action coercitive. [...] Par conséquent, les contingents de maintien de la paix ne sont pas autorisés à user de la force, sauf pour se défendre en cas d'attaque directe [...]

---

5. Le Conseil comprend aussi dix membres temporaires, qui sont nommés tous les deux ans par l'Assemblée générale.

6. Il faut noter qu'à cette époque, la Chine représentée à l'ONU, et donc membre permanent du Conseil de sécurité, était la Chine nationaliste de Formose, entièrement sous la coupe des USA.

> [...] Il est particulièrement important de signaler que les forces de maintien de la paix de l'ONU ne sont jamais intervenues dans un conflit auquel participait directement l'une des superpuissances, ni dans aucune région tombant dans leur zone élargie d'influence stratégique [...] [7].

L'ONU n'ayant pas de moyens propres pour faire respecter les engagements diplomatiques de ses membres, elle doit s'en remettre à l'armada des pays qui lui offrent leurs troupes et qui paient leur contribution. C'est le Conseil de sécurité, et non pas l'Assemblée générale qui compte plus de 150 pays membres, qui décide de l'emploi des armes au nom de l'ONU. La guerre du Golfe persique a donné à l'intervention de l'ONU un caractère de guerre ouverte, directement sous le contrôle des pays occidentaux ayant des intérêts manifestes à défendre. La force militaire a été utilisée malgré l'opposition de plusieurs pays en périphérie de la zone du conflit. Le nouveau « consensus » établi grâce à l'influence décroissante de l'ex-Union Soviétique au sein du Conseil de sécurité est en train de transformer ce forum international en un outil exclusif de la politique extérieure des pays occidentaux.

Depuis le carnage du Golfe persique et la nomination de Boutros Boutros-Ghali au poste de secrétaire général de l'ONU, il y a eu un net changement de cap dans les activités des Casques bleus. On parle beaucoup moins de maintien de la paix et les interventions prennent la forme de contrôle des conflits et de missions armées de protection humanitaire à caractère nettement militaire. Des soldats armés sont envoyés en pleine situation de guerre pour es-

---

7. Henry Wiseman, *Exposé n° 15,* Institut canadien pour la paix et la sécurité, Ottawa, 1985-1986, pp. 5 et 6.

sayer d'en influencer le cours. Certains hauts dirigeants militaires s'opposent avec virulence à ce genre de mission, car les moyens de combats que peuvent utiliser les troupes de l'ONU lors de ces missions sont très limités, ce qui place les soldats en état de grande vulnérabilité.

Boutros Boutros-Ghali considère que les Nations Unies ont besoin d'une armée permanente formée de soldats fournis par les États membres afin de montrer que le Conseil de sécurité « dispose d'un moyen de réplique ». D'après lui, les contingents fournis par les États membres devraient être plus lourdement armés que les actuelles forces de maintien de la paix des Nations Unies. La mise en place de cette armée multinationale serait l'occasion de réactiver le comité d'état-major de l'ONU paralysé depuis 1945.

La tendance à la militarisation des relations diplomatiques internationales est très préoccupante. Nous devons nous poser de sérieuses questions sur l'utilisation d'effectifs militaires pour le genre de missions confiées aux Casques bleus.

L'incompatibilité entre la formation des soldats et les missions de maintien de la paix telles que requises par les Nations Unies est flagrante. C'est au point qu'aux Nations Unies même, depuis 1989, dans un effort pour augmenter le professionnalisme des interventions, on a fait appel de plus en plus à un personnel non militaire. Des forces policières et civiles ont déjà été utilisées dans le cadre de plusieurs missions des Nations Unies, entre autres en Namibie, au Sahara occidental, en Nouvelle Guinée occidentale et au Cambodge, avec un succès qui doit être souligné.

Il existe une foule de moyens non violents d'intervention qui pourraient plus facilement faire l'objet d'un consensus. Il serait beaucoup plus facile pour les pays de la région affectée par un conflit d'accepter une intervention massive, concertée et non violente de la communauté internationale. On a vu au cours de l'histoire des campagnes massives d'information pour contrer les efforts de désinformation d'un pays jugé dangereux. L'embargo économique étroitement surveillé devrait remplacer de façon définitive les blocus militaires. Les interventions humanitaires d'urgence devraient bénéficier d'un appui logistique équivalent à celui offert aux armées. L'appui au déplacement des populations victimes de répression, l'accueil de ces population et la mise en œuvre de strictes sanctions non violentes devraient être préférés aux opérations de bombardement. En général, les populations ont la possibilité de quitter une région affectée par des sanctions économiques ou de développer un mode de vie plus autonome ; il est par contre difficile et parfois impossible d'échapper à un bombardement presque toujours imprévisible. Toute ingérence humanitaire devrait exclure le recours aux armées. L'emploi des armes est un dernier recours aux conséquences négatives durables. Il faut développer tous les moyens d'action qui peuvent faire en sorte de repousser à son extrême limite le recours à la force et si possible de l'éliminer.

Il ne faut pas non plus entretenir trop d'illusions sur le rôle de l'ONU. Son existence repose sur les contributions financières de ses membres. Les plus riches, dont les États-Unis, ont utilisé à maintes reprises l'arme économique pour influencer l'orientation générale des politiques de ce forum international. Les États-Unis cumulent maintenant des arriérés de paiement de plusieurs centaines de millions de dollars et n'hésitent pas à menacer de ne pas payer si les opérations ne sont pas à leur goût. Les résolutions extirpées par les États-Unis au Conseil de sécurité pour faire endosser le recours aux armes pour la guerre du Golfe persique démontrent à l'évidence la vulnérabilité des rouages de financement des Nations Unies. Depuis la guerre du Golfe persique, plusieurs représentants des pays membres de l'Assemblée Générale craignent que le Conseil de sécurité ne soit dorénavant qu'un outil au service de la politique extérieure américaine.

La position des États-Unis relative aux Nations Unies a changé du tout au tout depuis la guerre du Golfe persique. Alors qu'ils considéraient cette institution internationale comme gênante à cause de l'influence des Soviétiques et de la Chine [8] au Conseil de sécurité, ils y voient maintenant l'occasion de pouvoir agir avec l'assentiment de la communauté internationale. La carte mondiale remodelée incite aussi les États-Unis à croire que des interventions pour « rétablir la paix » seront encore nécessaires dans plusieurs poudrières (l'ex-Yougoslavie, le Haut-Karabakh, la Géorgie, la Moldavie et l'Afghanistan). Leur situation financière difficile les pousse à réaliser que les coûts ne permettront pas de répéter indéfiniment des scénarios monstres comme celui de la guerre du Golfe persique. Le projet révolutionnaire de Boutros Boutros-Ghali a donc toutes les chances de voir le jour avec un assentiment réservé des États-Unis qui, au fond, préféreraient travailler avec l'OTAN, une institution multinationale déjà moulée aux exigences du Pentagone.

L'institution militaire est une machine constamment en quête de justification, car elle coûte très cher. Dans le cas du Canada, lorsqu'on ajoute à ce constat la situation géographique du territoire canadien qui rend difficile le maintien d'une armée de terre et lorsqu'on réalise que les missions de paix des Nations Unies utilisent presque uniquement des fantassins, on peut comprendre l'empresse-

---

8. Il s'agit ici de la Chine communiste qui a remplacé celle de Formose à l'ONU depuis 1971.

ment du gouvernement canadien à envoyer des troupes chaque fois que les Nations Unies établissent des missions de maintien de la paix. L'attitude du gouvernement canadien n'est pas aussi désintéressée qu'il le laisse paraître. Il n'est donc pas surprenant de voir les dirigeants canadiens accueillir avec enthousiasme l'idée de l'armée multinationale de l'ONU. Avec le retrait du contingent canadien du territoire européen, le Canada cherchera encore davantage à consolider ses activités terrestres autour des forces de maintien de la paix des Nations Unies.

On le voit, pour le Canada, la sécurité par les armes, c'est une complète illusion. Malheureusement, les partis politiques ne s'expliquent pas vraiment sur cette question. À une exception près, ils ne semblent jamais rechercher les fondements d'une politique de défense qui servirait vraiment les intérêts des Canadiens. Le *Nouveau Parti démocratique* a amorcé une réflexion sur ce sujet dans le *Rapport du Comité des Affaires internationales*, paru en 1988. Sa position s'inspire largement du concept de « sécurité commune », proposé d'abord par la Commission Palme, et repris dans le rapport Brundtland.

> On ne peut seul assurer la sécurité d'un pays, pas plus qu'on ne peut baser sa sécurité sur une attitude de forteresse barricadée contre un environnement hostile. Elle est plutôt assurée par des initiatives communes visant la construction d'une paix véritable fondée sur un ordre social bien établi. Bon nombre des mesures d'appui à un ordre mondial équitable doivent provenir d'initiatives non-militaires, y compris de pratiques commerciales équitables, du respect des droits de la personne et de la protection de l'environnement physique. C'est l'essence même de la réciprocité et de la sécurité commune [9].

9. Rapport du Comité des affaires internationales du NPD, avril 1988, p. 30.

Il y a là le fondement d'une politique de défense autonome pour notre pays. C'est au moins une lueur d'espoir pour l'avenir.

Conclusion

LES JEUNES GENS sont les premières victimes de l'actuelle dégradation du système économique provoquée en bonne partie par les dépenses militaires. Il semble aussi qu'on envisage, pour eux, un rôle de premier plan pour nourrir les dinosaures du *Parc jurassique* légué par la génération de la Seconde Guerre mondiale.

L'ONU, en grande partie neutralisée pendant toute la guerre froide, semble sortie de son hibernation. Consécutivement au massacre du Golfe persique, les missions de maintien de la paix ont pris, surtout avec les événement de Somalie et de Yougoslavie, la forme d'actions de contrôle ou d'imposition de la paix par les armes. Le *World Watch Institute,* dans son édition de 1992 du livre *State of the World,* évalue que l'ONU aura besoin de plus de 400 000 jeunes soldats pour remplir les engagements prévisibles dans le cadre de conflits survenant un peu partout sur la planète. On parle de plus en plus d'une armée permanente de l'ONU.

L'armée canadienne, qui, depuis longtemps, a de la difficulté à justifier l'existence de son armée de terre, se prépare à assister l'ONU dans son virage. Les généraux ne miseront plus sur le maintien à grands frais d'une armée de soldats professionnels souvent spécialisés qui répondait aux besoins militaires du temps de la guerre froide. Le ministère de la Défense investira dans la réserve, des soldats à temps partiel qui, pour la plupart, n'ont pas besoin d'être formés à l'utilisation de technologies sophistiquées et sont beaucoup moins dispendieux et beaucoup plus malléables, surtout dans les conditions économiques actuelles. Il semble que l'armée trouve difficile de convaincre les militaires de carrière du bien-fondé de risquer leur vie dans le cadre « d'œuvres humanitaires d'assistance en situation de conflit international ». Ces hommes sont davantage ancrés dans leurs convictions quant à l'institution militaire, dont la priorité absolue est la défense des intérêts nationaux. Les soldats d'élite professionnels sont entraînés pour prendre le contrôle d'un territoire ennemi dans une situation de guerre. Ils sont complètement démunis quand il s'agit de remplir des fonctions de gestion des conflits, comme le démontrent les questions soulevées par la conduite attribuée au second commando « Airborn », en Somalie.

De leur côté, les réservistes sont de jeunes gens, victimes du marasme économique, davantage enclins à s'engager dans l'armée pour réaliser de grands idéaux. Comme ils ignorent souvent la réalité du combat à l'ère des armes modernes, ce sont des proies faciles pour accomplir les missions extrêmement périlleuses de contrôle de guerres civiles. Encore une fois, ils ne sont pas formés pour ces missions spécifiques. En fin de compte, les jeunes serviront de pâture aux monstres de la guerre. Les tenants de l'armée canadienne, sauriens carnivores, se feront passer pour des herbivores en la présentant comme une institution vouée à la paix. Non satisfaits d'avoir éliminé les perspectives d'avenir des jeunes, ils offriront la jeunesse canadienne, cette fois-ci sur l'autel de la « pacification des conflits internationaux ».

Il ne s'agit pas de nier qu'un pays doive assurer sa sécurité, qu'il doive aussi faire sa part dans la résolution des conflits internationaux. L'odieux dans la situation actuelle tient à ce qu'à toutes fins pratiques, toutes les ressources, tant financières, scientifiques que technologiques sont au service de l'intervention militaire et de la fabrication d'armes. Comme les ressources financières sont monopolisées par la défense armée, les nombreuses approches non militaires — qu'elles soient des initiatives de prévention, de contrainte ou de résolution de conflits — sont peu ou pas explorées. En conséquence, dans l'état actuel des choses, à peu près toutes les situations de conflit entraînent presqu'immédiatement l'utilisation des forces militaires.

Il faut dès maintenant s'atteler à combattre l'ignorance généralisée de nos dirigeants et de la population sur ce que sont les moyens non violents de lutte sociale et de pression internationale. La très grande majorité des spécialistes des questions de conflits internationaux s'entendent pour dire que l'usage des armes devrait constituer le dernier recours de la communauté internationale pour neutraliser une situation politique explosive. Nos politiciens ne semblent pas du même avis. Nous avons vu que tout est mis en œuvre pour faire fonctionner à plein rendement l'industrie de fabrication des armes. Des sommes faramineuses sont englouties dans cette production et, bien sûr, lorsqu'un conflit fait surface, le recours à la force est rapidement envisagé, ce qui, en bout de ligne, justifie les investissements du passé.

En situation de conflit, envisager prématurément le recours à la force s'avère toujours un handicap majeur, car ce recours compromet la possibilité d'en arriver à un consensus régional. Après tout, ce sont les pays limitrophes qui auront à subir les contre-coups de l'action de la communauté internationale et ce sont eux qui risquent le plus dans l'expansion d'une telle situation de guerre. De plus, la majorité des frontières politiques actuelles ne respectent pas le territoire des ethnies, ce qui fait que dans la population de tous les pays limitrophes, on retrouve des affinités étroites avec les parties en guerre. Le consensus sur le recours à la force devient une tâche presque impossible. Le fait d'envisager prématurément le recours à la force et de ne pas développer les sanctions non violentes retarde considérablement la mise en œuvre d'une action internationale concertée.

L'action non violente, tout comme l'intervention militaire, a besoin d'infrastructures pour déceler dans l'œuf les conflits possibles et pour intervenir avec rapidité et efficacité afin d'enrayer leur progression. Lorsque le conflit éclate, une panoplie d'autres moyens plus contraignants doivent être envisagés, toujours à l'exclusion de l'usage des armes. Si la guerre éclate, des sanctions énergiques de la communauté internationale doivent s'ajouter aux mesures déjà en place afin de tenter de contraindre les belligérants à cesser les hostilités. Le recours à la force ne devrait être envisagé qu'une fois le constat évident que toutes les autres formes d'intervention ont échoué et que le conflit perdurera.

Le recours systématique aux armées, faute d'autres moyens disponibles, constitue un réel danger tant pour la jeunesse que pour l'avenir de la communauté internationale. Tous, sauf les marchands de canons, auraient avantage à ce que l'ingérence dans les affaires d'une autre nation prenne toujours la forme non violente et surtout non militaire. Le recours à une foule de moyens de prévention et à des ressources civiles spécialisées dans le désamorçage de situations de crise devrait s'accroître. L'aide humanitaire et les initiatives de coopération en guise de prévention des conflits devraient bénéficier d'un soutien financier accru afin d'éviter le dispendieux recours aux armées. Les pays limitrophes doivent jouer un rôle important et avoir le dernier mot dans le processus de mise en œuvre de toute forme d'intervention. C'est là tout un domaine qui reste à explorer et à développer [1].

---

1. On trouvera une première ébauche d'un système de défense civile non violente dans : Collectif sous la direction de Serge Mongeau, *Pour un pays sans armée,* Écosociété, 1993.

Glossaire

A. Traités, institutions et organismes

1. La Charte des Nations Unies

Élaborée à San Francisco, lors de la Conférence des Nations Unies sur l'organisation internationale, par les représentants de 50 nations et signée le 26 juin 1945, sa ratification par une majorité des pays concernés donne officiellement naissance aux Nations Unies, le 24 octobre 1945.

Elle se donne comme but de prévenir une autre guerre et de tenter de résoudre les vieux problèmes de l'humanité.

ONU : *Organisation des Nations Unies :* elle siège à New-York et a plusieurs instances. Il est surtout question dans ce livre de l'*Assemblée générale* où siègent les représentants de tous les pays membres et du *Conseil de sécurité* qui compte, depuis 1965, 15 membres dont 5, la Chine, la France, le Royaume-Uni, l'URSS et les USA, sont permanents et dotés d'un droit de veto. C'est le Conseil de sécurité qui a le pouvoir de décider des mesures militaires en vue du maintien de la paix.

TNP :   Le *Traité de non-prolifération des armes atomiques :* convention internationale de l'ONU, signée en 1968 par plusieurs pays, ce traité a trois objectifs : empêcher que d'autres pays que ceux qui étaient déjà détenteurs d'armes atomiques au moment de la signature ne se munissent d'armement nucléaire ; promouvoir le désarmement des pays nucléaires ; garantir à toutes les nations l'accès à l'énergie nucléaire dite « pacifique ». Les pays qui y ont adhéré s'engagent à ne pas divertir à des fins militaires l'énergie nucléaire acquise pour des fins pacifiques.

AIÉA :   *Agence internationale d'énergie atomique :* il s'agit d'une agence intergouvernementale autonome, reliée à l'ONU par une entente approuvée par l'Assemblée générale le 14 novembre 1957. Dans ce livre, il est surtout question de son rôle de surveillance de l'application du TNP.

2. Le *Traité de l'Atlantique nord,* aussi appelé le *Pacte de l'Atlantique* ou l'*Alliance atlantique.*

Signé le 4 avril 1949, il s'agit d'une alliance de sécurité mutuelle entre 15 pays : 13 pays européens, les USA et le Canada. L'article 5 de ce traité stipule qu'une attaque armée contre l'un des pays sera considérée comme une attaque contre tous. Le traité prévoit de plus que les pays membres devront prendre individuellement et collectivement les mesures nécessaires pour rétablir et maintenir la sécurité. Cette alliance est fondée sur la crainte d'une agression soviétique.

OTAN :   *Organisation du traité de l'Atlantique Nord :* mise sur pied en 1950, cette organisation très complexe a plusieurs instances. Celles qui nous intéressent ici sont les instances militaires. La structure militaire de l'OTAN est coiffée d'un comité militaire dont dépend l'état-major militaire international. Le siège en est à Bruxelles. Il y a trois commandements : le *commandement allié en Europe* (siège : Belgique) qui couvre la zone terrestre allant du Cap Nord à l'Afrique du Nord et de l'Atlantique à la frontière orientale de la Turquie ; le *commandement allié de l'Atlantique* (Siège : USA) qui s'étend de l'Arctique au Tropique du Cancer et des eaux territoriales de l'Amérique du Nord aux côtes d'Europe et d'Afrique ; le *commandement allié de la Manche* (siège : Royaume-Uni) qui s'étend de la zone sud de la mer du Nord à l'autre extrémité de la Manche. Il faut ajouter encore le *groupe stratégique régional Canada/États-unis* qui couvre la zone de l'Amérique du Nord. Les commandants suprêmes alliés en Europe et les commandants suprêmes alliés de l'Atlantique ont toujours été des généraux et des amiraux américains.

3. Les accords canado-américains

CPMD : La *Commission permanente mixte de défense :* le 18 août 1940, les deux chefs d'État américain et canadien annoncent, par la Déclaration d'Ogdensburg, la création de la CPMD. C'est le premier accord bilatéral entre nos deux pays en vue d'assurer une défense commune de l'Amérique du Nord. Dès 1941, un second accord allait favoriser la fabrication du matériel militaire dans les deux pays. Mais c'est le 12 février 1947 qu'une troisième déclaration commune des deux chefs d'État posait les bases des accords futurs de défense collective du continent. On y prévoyait déjà la normalisation des armes, du matériel, de l'organisation et des méthodes de formation et la mise à la disposition des deux pays des installations militaires, navales et aériennes de chacun.

DEW : Réseau de détection lointaine avancée, conçu par les deux pays, implanté au nord du cercle arctique. Son but était de donner l'alerte et de coordonner la défense du continent contre une attaque de bombardiers soviétiques. Ce réseau fut achevé en 1957 et résultait des ententes dont il vient d'être question.

NORAD : *Commandement de la défense aérospatiale de l'Amérique du Nord :* mis sur pied en 1957, l'accord officiel fut signé le 12 mai 1958. Le traité canado-américain délègue à un quartier-général unifié (situé aux USA) la direction des opérations de toutes les unités de combat des forces nationales affectées à la défense aérienne des deux pays. D'abord signé pour une période de 10 ans, le NORAD été plusieurs fois modifié et reconduit. Les modifications les plus importantes sont celles de 1968 qui introduisait la clause ABM empêchant que le Canada ne soit forcé de participer à des opérations de défense au moyen de missiles antimissile balistiques, conformément au traité contre ces missiles, et celle de 1981 qui supprimait cette clause.

DPSA : *Defence Production Sharing Agreement :* accord sur le partage du développement industriel pour la défense et de la production de défense. Signé dès 1959, cet accord est la suite logique du NORAD. Il visait à donner au Canada une plus large part dans la production d'armement pour la défense de l'Amérique du Nord.

DDSA : *Defence Development Sharing Agreement :* accord sur le partage du développement industriel pour la défense. Signé en 1963, cet accord permet aux industries canadiennes de fabriquer des produits pour l'armée américaine [1].

SAN : *Système d'alerte du Nord :* nouveau réseau de détection et de communication qui remplace le réseau DEW considéré comme désuet. Il est principalement conçu dans le but de détecter les missiles de croisière.

---

1. Il n'existe pas d'institution telle que l'ONU ou l'OTAN relative aux accords canado-américains. Cependant, en plus de la CPMD, il y a le *Comité de coopération militaire Canada-États-Unis,* créé dès 1946, qui relève directement du chef de l'état-major de la Défense du Canada et de l'instance collégiale des chefs d'état-major américains. Cet organisme binational s'occupe de toutes les recommandations relatives aux questions de défense commune et mutuelle des deux pays.

En 1985, le secrétaire d'État aux Affaires extérieures, Joe Clark, affirmait aux membres du *Comité permanent des Affaires extérieures et de la Défense nationale* que, pour la période 1940-1985, il existait au moins 2500 documents relatifs aux questions de défense intéressant les deux pays dont plusieurs, cependant, seraient dépassés. Environ 400 documents sont accessibles, car ils ne portent pas de cote de sécurité. Les autres étant secrets, on ne peut pas en connaître ni le nombre ni le contenu.

IDS :   *Initiative de défense stratégique :* proposition
         américaine de stratégie, formulée par le prési-
         dent Reagan, appelée aussi la guerre des étoiles.

IDA :   *Initiative de défense aérienne :* la composante
         aérienne de l'IDS.

B. Organisme canadien

ÉACL :   *Énergie atomique du Canada Ltée :* société de la
         Couronne fédérale, fondée en 1952. Elle relève
         du ministère de l'Énergie, des Mines et des Res-
         sources. C'est cette société qui est chargée de la
         recherche, du développement et de la conception
         des réacteurs nucléaires CANDU et des autres
         technologies associées à cette industrie. Elle
         produit la revue *Aspect* qui fait la promotion des
         CANDU.

C. Réacteurs nucléaires

CANDU : *CANada Deutérium Uranium.* Nom du réac-
         teur nucléaire canadien développé pendant la
         Deuxième Guerre mondiale.

CIRUS :   Il s'agit de CANDU adaptés par les cana-
KANUPP :   diens afin qu'ils répondent aux capaci-
WOLSUNG :   tés technologiques des pays à qui nous
            les vendons.

Les Éditions Écosociété

De notre catalogue

Pour un pays sans armée
Ce n'est pas par la guerre qu'on arrivera à la paix

Collectif sous la direction de Serge Mongeau

Le Canada a-t-il vraiment besoin d'une armée pour assurer sa sécurité ? Dans l'hypothèse d'un Québec souverain, le nouveau pays aura-t-il besoin de se doter d'une armée ?

Les signataires de l'*Appel au bon sens*, rendu public à l'automne 1992, répondent par la négative à ces interrogations, et demandent tant aux Québécois qu'aux Canadiens de faire preuve de réalisme, d'imagination et de courage en relevant ce grans défi des temps nouveaux : bâtir un pays non militarisé. Ils proposent d'assurer la sécurité nationale par d'autres voies, notamment par une défense civile efficace et moderne, étant entendu qu'un pays sans armée ne signifie pas un pays sans défense.

Ce livre comprend les éléments suivants :
- le texte de l'Appel ;
- des chapitres sur :
  - la défense civile non violente,
  - les fondements de la sécurité d'un pays,
  - le «problème» indien,
  - la tradition pacifiste québécoise,
  - les pays sans armée ;
- les points de vue de plusieurs signataires de l'appel.

Paru en février 1993

Prix : 14,95 $

192 pages

ISBN 2-921561-00-X

Les Québécoises et le mouvement pacifiste (1939-1967)

† Simonne Monet-Chartrand

«J'AI PENSÉ léguer ces fragments de la "petite histoire" des mouvements canadiens de paix et de non-violence au grand public et plus particulièrement aux jeunes. Chaque génération doit briser le cycle de l'oubli ou de l'ignorance du travail des générations précédentes; c'est la seule façon de progresser et d'éviter la répétition des erreurs de l'Histoire.»

Sur fond de guerre et de course aux armements, conscientes qu'au lieu de régler les problèmes entre humains, la guerre les aggrave et les rend même plus compliqués, des femmes des quatre coins du monde unissent leurs efforts pour la paix entre les individus, les ethnies et les pays des cinq continents.

Dans cette chronique inédite, Simonne Monet-Chartrand (1919-1993) témoigne de son expérience et nous révèle un volet méconnu de l'histoire du Québec. Elle met en lumière l'extraordinaire engagement de nos artisanes de la paix.

Paru en octobre 1993

Prix : 14,95 $

168 pages

Pour que demain soit

L'écologie sociale en action

Serge Mongeau

CEUX À QUI l'électorat a confié les rênes du pouvoir ne cessent de décevoir par leur opportunisme, leur myopie et leur ignorance des grands enjeux qui inquiètent l'humanité. Et ceux qui aspirent à les remplacer ne font guère preuve de plus de responsabilité. Que faire pour changer une situation aussi navrante ? Chose certaine, les vraies solutions ne viendront pas des gouvernements. Elles naîtront de la base, au niveau des quartiers, des villages et des associations, en autant que les citoyens réfléchiront, se prendront en main et s'organiseront.

Ce livre s'appuie sur une analyse globale de la situation actuelle. Une analyse qui souligne les liens existant entre les différents problèmes qui affligent toute la société et menacent la survie même de la planète. Si la Terre est malade, c'est que l'humanité souffre d'un égocentrisme destructeur qui mène à l'exploitation effrénée de tout ce qui peut augmenter l'avoir des individus et de certains groupes sociaux. Les problèmes écologiques sont fondamentalement des problèmes d'exploitation : exploitation des humains par d'autres humains, surexploitation ou exploitation désordonnée de la nature par des intervenants et des décideurs trop souvent inconscients.

Le Manifeste montre les liens qui existent entre les diverses facettes de la vie en société et signale le type d'actions qu'il faudrait entreprendre ou poursuivre pour établir des rapports harmonieux entre les humains, d'une part, entre ceux-ci et la nature, d'autre part.

Ce livre, rédigé sous la direction de Serge Mongeau, est basé sur une longue réflexion des *Ami-e-s de la Terre de Québec*. Il reflète avant tout la pensée de ces écologistes, mais ne néglige pas pour autant nombre d'idées ou d'initiatives issues d'autres groupes qui œuvrent dans le même sens. Il comporte d'ailleurs en annexe des manifestes publiés ces dernières années par plusieurs groupes.

Paru en novembre 1993

Prix : 14,95 $

144 pages

ISBN 2-921561-03-4

Une société à refaire
Vers une écologie de la liberté

Murray Bookchin

LE PROPOS de cet ouvrage est d'examiner les facteurs sociaux qui ont conduit à la crise écologique actuelle, la plus grave sans doute de toute l'histoire de l'humanité. Bookchin démontre que les mêmes facteurs qui engendrent la violence, les conflits sociaux et les dominations de toutes sortes sont à l'origine des déséquilibres environnementaux qui aujourd'hui menacent la survie de la planète et l'espèce humaine elle-même. L'exploitation « dénaturée » des ressources est liée à l'ordre social.

L'auteur en conclut que pour résoudre cette crise, il ne s'agit pas uniquement de diminuer les émanations toxiques, de consommer moins de papier ou de brûler moins de pétrole, toutes choses qui s'imposent par ailleurs. Une solution en profondeur demande d'agir sur les causes, qui sont sociales. Nous sommes acculés, si nous voulons survivre, à la nécessité, non seulement d'améliorer notre modèle de société, mais de le *refaire*. Une pensée écologique critique et cohérente jouera le rôle historique de faire évoluer la pensée sociale qui en a bien besoin. Car celle-ci repose encore, ankylosée, sur les postulats socio-économiques édictés par Adam Smith voilà plus de 200 ans.

Bookchin propose l'édification d'une société écologique fondée sur une démocratie des communautés, contrôlée à la base par les citoyens plutôt que par des élites politiques, économiques ou militaires.

Murray Bookchin est l'un des pionniers du mouvement écologiste américain. Il est l'auteur d'une dizaine d'essais, dont celui-ci fait la synthèse de ses 40 années de réflexion et d'action dans ce domaine.

Paru en juin 1993

Prix : 19,95 $

224 pages

ISBN 2-921561-02-6

Achevé d'imprimer
en décembre 1993 sur les presses
des Ateliers Graphiques Marc Veilleux Inc.
Cap-Saint-Ignace (Québec).